Hundert Jahre Hirnwäsche, Märchen, Betrug und Lügen!

Hunderte von Forschungsberichten widerlegen Evolution und historische Geologie, aber Medien und Öffentlichkeit bleiben abgeschirmt! Alias, Saläre dank Jahrhundert-Betrug!

An die Evolution wird weit herum geglaubt!

Die erste Auflage ist unter folgenden Titeln erschienen:

„Moderne Forschung entlarvt offizielle Erdgeschichte und Evolution als Lug und Trug!

Mehr als 14 unwiderlegbare Beweise, aus Hunderten von Forschungsberichten, aber Medien und Öffentlichkeit bleiben hermetisch davon abgeschirmt!"

3. und erweiterte Auflage

Eine Buchbesprechung und Essay, auch ein Krimi und dazu leichtverständlich, von H. König (dipl.Ing.ETH)

Widmung

Diese Schrift ist um der Wahrheit willen geschrieben,
um eine weltweite, nun schon mehr als hundertjährige,
rücksichtslose Kampagne und Hirnwäsche aufzudecken,
die auf Lug und Trug und vielen Fälschungen beruht.

Dieser Kampagne zur Verbreitung einer atheistischen Weltanschauung,
wollen wir uns hier entgegenstellen,
durch Präsentierung der wahren Faktenlage!

Emotionen ausgedrückt

Es war uns unmöglich, während dem Schreiben unsere Emotionen zurückzuhalten! Wir haben darum oft Zeilenteile fett geschrieben, auch unterstrichen, dazu Frage- und Ausrufzeichen an relevanten Stellen dreifach gesetzt!!! So ist diese unkonventionelle Schreibweise unser Wahr- und Markenzeichen geworden!!!

Wir-Form

In dieser Schrift wird durchwegs die „Wir"-Form verwendet, weil „wir" uns einig wissen mit allen Menschen auf unserer Erde, die für Wahrheit und gegen Lug und Trug stehen.

Hundert Jahre Hirnwäsche, Märchen, Betrug und Lügen!

Hunderte von Forschungsberichten widerlegen Evolution und historische Geologie, aber Medien und Öffentlichkeit bleiben abgeschirmt! Alias, Saläre dank Jahrhundert-Betrug!

An die Evolution wird weit herum geglaubt!

Die erste Auflage ist unter folgendem Titel erschienen:

„Moderne Forschung entlarvt offizielle Erdgeschichte und Evolution als Lug und Trug!

Mehr als 14 unwiderlegbare Beweise, aus Hunderten von Forschungsberichten, aber Medien und Öffentlichkeit bleiben hermetisch davon abgeschirmt!"

3. und erweiterte Auflage

Eine Buchbesprechung und Essay,
von H. König (dipl.Ing.ETH)

Herstellung und Verlag
BoD – Books on Demand, Norderstedt

Copyright 2016 BoD,
Übersetzungsrecht beim Autor
Rechte alle vorbehalten

Herstellung und Verlag
BoD – Books on Demand , Norderstedt

Ihre ISBN lautet 9783741275067

Umwerfende geologische Evidenz für Schöpfung und Sintflut, aber gegen Evolution und Historische Geologie!

Moderne Forschungen in grosser Zahl, widerlegen Evolution und Historische Geologie! aber die Öffentlichkeit erfährt nichts davon, das Evolutions-Establishment blockt ab!!!

Eine leichtverständliche Darlegung!

Wir möchten in diesem Büchlein,
mit einfachen Worten,
die modernen Forschungsresultate,
einer breiteren Öffentlichkeit
bekannt machen,
in Form einer Buchbesprechung
mit Essay,
gestützt auf die Veröffentlichungen,
Dok. 1 bis 5 unserer Dokumentation
(siehe Buchende, alle 2 bis 3 cm dick)
und auf die DVD in Dok.5,
„Censured Science, the Suppressed Evidence"
(Zensurierte Wissenschaft, die unter- drückten Beweise).

Es wird auch die Alternative vorgestellt
die stimmt, beweisbar stimmt,
der Biblische Bericht!!!

150 Millionen Jahre alte Geschichte in Steinen

Lehrpfad in Holderbank 27 Steinblöcke am Hauptsitz der Holcim zeigen die geologische Entwicklung des Alpenraums

Erschienen in der Aargauer Zeitung, am 30.5.2006

Das ist eines von vielen Beispielen, wie die Öffentlichkeit hirngewaschen wird.

Aber auch in unseren Schulen wird Erdgeschichte im Sinne der Evolutionslehre unterrichtet!

**Haben Sie das Vorhergehende
alles richtig gelesen?**

**Wir vermuten,
Sie können kaum glauben,
dass das alles wahr sein soll,**

**dass moderne Forschungen in grosser Zahl,
die weiterum für wahr gehaltene
offizielle Evolutionslehre und Erdgeschichte
(eine vermeintliche Wissenschaft),**

**als Lügengebäude,
total widerlegen**

und dazu noch,

**dass diese Forschungsresultate
vor den Medien und der Öffentlichkeit
hermetisch abgeschirmt bleiben, sodass
diese Öffentlichkeit nichts davon erfährt!**

**Aber lesen Sie weiter
und
überzeugen Sie sich selbst!!!**

Inhaltsübersicht

Prolog (Seiten 15-20)

Kap. 1 Kleine Erdkunde (Seiten 21-22)

Kap. 2: Unsere Erde, ein junger Planet, in einem jungen Kosmos!
Sechs unwiderlegbare Beweise!!! (Seiten 23-26)

Kap. 3: Vorurteilsfreie Geologie widerlegt Evolution (Seiten 27-40)
Neun unwiderlegbare Beweise!!!

Kap. 4: Kleiner Einschub (Seiten 41-42)
Darwin, und wie die Evolutionslehre entstand

Kap. 5: Die Evolutionslehre, ein schamloser Betrug (Seiten 43-50)

Kap. 6: Die neuesten Forschungsresultate (Seiten 51-70)

Kap. 7: Das Geschehen der Sintflut (Seiten 71-76)
(Essay des Autors, wie wir uns dieses Ereignis vorstellen müssen)

Kap. 8: „Nichts Neues unter der Sonne" (Seiten 77-79)

Kap. 9: Beide, biblischer Glaube und Naturwissenschaft,
werden experimentell bewiesen! (Seiten 81-88)

Kap. 10: Weltweite Erweckung durch Publizität!!!
(Missionsauftrag auf brisante Art!) (Seiten 89-93)

Schlusswort (Seiten 95-97)

Dokumentation (Seiten 98-99)

Prolog

Erste Frage:

Ist die Erde wirklich rund vier Milliarden Jahre alt, wie die etablierte Historische Geologie uns glauben macht??? -- Es gibt über 70 Beweise und Hinweise für eine sehr junge Erde, mit einem Alter in der Grössenordnung von rund 10'000 Jahren und mehr als **sechs dieser Beweise können nicht widerlegt werden**! Das biblische Erdalter von rund 6000 Jahren könnte da nämlich ganz genau stimmen!
(Die Historische Geologie ist diejenige Disziplin der Geologie, die sich, wie der Name sagt, mit der Erdgeschichte befasst.)

Zweite Frage:

Ist die Evolution, die allmähliche Entwicklung in Millionen von Jahren der gesamten Tier- und Pflanzenwelt und die Abstammung des Menschen von affenähnlichen Vorfahren wirklich Tatsache??? -- Der Evolutionsglaube sagt: Die gesamte Tierwelt (auch die Pflanzenwelt) habe einen Stammbaum und soll sich im Verlaufe von Jahrmillionen aus einfachsten Formen (Viren), über Bakterien, Würmer, Fische, Amphibien, Echsen, Säugetiere und schliesslich Affenartige bis hinauf zum Menschen im Verlaufe von Jahrmillionen allmählich entwickelt haben. Aus niedrigen Formen sollen im Verlaufe von Jahrmillionen, **durch rein zufällige Veränderungen in der Erbsubstanz, der DNA,** allmählich höhere Lebensformen entstanden sein, dargestellt als ein senkrechter Stammbaum mit vielen Seitenästen. -- Doch ein sehr überzeugender Gedanke!!! -- **Nur**, den geologische Nachweis dazu gibt es nicht, und auch, wie ist das „Ausgangsprodukt", der Virus entstanden???

Es gibt leider auch hier **neun Beweise**, die ebenfalls nicht widerlegt werden können, nämlich, dass es auch keine Evolution gegeben hat. Diese Gegenbeweise kommen aus den Untersuchungen der Sedimente oder Ablagerungsgesteine dieser Erde (durch grosse Wasserfluten abgelagerte Gesteine, siehe Kap. 1) und der darin enthaltenen Fossilien (versteinerte Tierleichen in diesen Gesteinen, siehe Kap. 1). Der neunte Beweis davon sind die sechs unwiderlegbaren Beweise für eine junge Erde, denn eine Evolution ist nur in riesigen Zeiträumen von Jahrmillionen denkbar!!!

Dagegen -- es gibt leider **keinen einzigen echten Beweis dafür, dass es je eine Evolution gegeben hat!!!**

Viele dieser Beweise gegen die Evolution sind schon lange bekannt, aber man hat sie einfach ignoriert und so getan, als existierten sie nicht! Die Evolutionslehre beruht auf einer Ideologie aus Atheistenkreisen und auf vielen Lügen, auf viel Fantasie, auf Fälschungen von Knochenfunden, auf meistens frei erfundenen Datierungen dieser Funde und einer tendenziösen Interpretation der Fossilienfunde.

Die Ideologie oder Weltanschauung, die dahinter steckt, macht diese Lehre so attraktiv! Die Logik dieser Ideologie ist derart bestechend, dass man gar nicht mehr nach **echten Beweisen** fragt oder sucht, sondern den Beweis in eben dieser Logik sieht!

Solches ist in den philosophischen Wissenschaften zwar gebräuchlich und ist dort die einzige Möglichkeit zu irgend einer Schlussfolgerung zu kommen. -- Aber in den Naturwissenschaften ist so etwas nicht statthaft, denn Naturwissenschaft hat mit Realität zu tun und nicht mit philosophischen Gedanken oder gar Ideologie! -- Wenn Naturwissenschaft noch echte Naturwissenschaft sein soll, dann muss der Beweis eben aus den Realitäten und Gegebenheiten dieser Natur herausgezogen und abgeleitet werden und keinesfalls aus philosophischen, weltanschaulichen oder ideologischen Gedankengängen! Aber gerade das Letztere hat man getan, **weil man die Bibel als unglaubwürdig, altmodisch und überholt hinstellen wollte!**

Aber, -- die Sedimentschichten (Ablagerungsschichten) dieser Erde sind schön und regelmässig abgelagerte Schichten, wie sie nur durch eine grosse Flut **(die Sintflut)** hingeworfen oder hingelegt sein konnten. Aber nun kommen diese Evolutionisten und behaupten, weil ihre Theorien Jahrmillionen an Erdgeschichte voraussetzen, dass diese Schichten nicht in der kurzen Zeit einer Sintflut, sondern in Millionen von Jahren durch Flüsse abgelagert worden seien, wo doch Flüsse eher eine **„grosse Sauerei" und Unordnung** hinterlassen und keinesfalls so schöne und regelmässig abgelagerte Schichten. Aber die Evolutionisten brauchten eben diese Jahrmillionen, um ihre Theorie glaubhaft aufrichten zu können, denn eine Evolution in nur 6000 Jahren wäre nicht denkbar!!!

Nun gibt es **Hunderte** (also nicht einen, auch nicht zehn, sondern **Hunderte!!!**) von modernsten Forschungsberichten, die alle die etablierte Erdgeschichte und die Evolutionslehre in Frage stellen und widerlegen. Solche Forschungsberichte erscheinen in hochwissenschaftlichen Zeitschriften, die vielleicht von rund 500 Personen auf der ganzen Erde gelesen werden. -- Aber die populärwissenschaftlichen Zeitschriften, die Zeitungen und das Fernsehen berichten nicht darüber, sodass die Öffentlichkeit nichts davon erfährt.

Die Medien berichten nicht darüber, weil es sowohl ein wissenschaftliches Establishment gibt, das abblockt, denn gut dotierte Gehälter wären überall in Gefahr, als auch ein ideologisches bzw. atheistisches Establishment, das die Bibel leugnet und diese blocken ebenfalls überall ab. Die Tragik dieser Lehre ist, dass sie ihre Anhänger hauptsächlich unter den Akademikern und den Gebildeten hat! -- **Auch uns ist es einst so gegangen!!!**

Wir besprechen hier moderne und modernste Forschungsresultate! Diese Forschungsresultate bestreiten, dass es je eine Evolution gegeben hat und bestreiten auch die Jahrmillionen der modernen Historischen Geologie! Für diese Ergebnisse präsentieren sie unwiderlegbare Beweise, wie wir noch sehen werden!

Die wohl zutreffendste Erklärung dieser Geheimhaltung

Dazu blenden wir zurück in die Anfänge der etablierten modernen Historischen Geologie und Evolutionslehre, vor rund hundertfünfzig Jahren: Diese Theorien waren damals noch ganz neu und zogen viele Forscher in ihren Bann und das ist ja auch ganz normal und richtig und ganz und gar nicht falsch!

Aber je länger überzeugende Beweise nicht gefunden wurden und statt dessen Gegenbeweis um Gegenbeweis ans Tageslicht kam, begann man damit, der Theorie widersprechende Funde als unzuverlässig und zweifelhaft zu deklarieren, sodass diese aus dem Blickfeld der Wissenschaft verschwanden und auch mit Fälschungen von Knochenfunden und gefälschten Datierungen, die gehätschelte Wunsch-Theorie zu stützen. Es scheint, dass in Europa und den USA, und später weltweit, ein Verbund der führenden Wissenschaftler in Evolution und Historischer Geologie sich gebildet hat (speziell Professoren, Dozenten und Abteilungsleiter dieser Disziplinen, an den Universitäten und Museen dieser Welt), in der Absicht, mit **geeignete Massnahmen** (Geheimhaltung der Forschungsergebnisse) ihre „Wissenschaft" vor dem Untergang zu retten, eine „Wissenschaft", die allmählich in ein Fantasie- und Lügengebäude ausartete, eine Pseudowissenschaft also, die aber diesen Herren ihre begehrten Jobs mit den hohen Gehältern sicherte!

Forscher brauchen ja Forschungsgelder um beides, leben und forschen zu können und solche Forschungsgelder werden von Universitäten vergeben. Die rettende Idee schien zu sein, mit der Verleihung von Forschungsgeldern, diese Forscher dazu zu verpflichten, ihre Forschungsberichte nur in vorbestimmten, speziellen und hochwissenschaftlichen Zeitschriften zu veröffentlichen, also in elitären Zeitschriften, die diese höchsten Vertreter von Evolution und Historischer Geologie, unserer Interpretation nach, selber ins Leben gerufen hatten.

Damit wurde die Abschottung perfekt. Weil es sich da um elitäre Zeitschriften handelt, werden sie kaum von jemandem gelesen, ausser diesem Klüngel von Top-Evolutionisten und Top-Historischen-Geologen, (also von rund 500 Personen auf der ganzen Welt, wie unser Autor Hans Joachim Zillmer in Dok. 3 schreibt!) und das sorgte dafür, dass die Medien und die volkstümlichen wissenschaftlichen Zeitschriften davon abgeschirmt blieben! **Diese Abschottung führte dazu, dass selbst sogar auch die überwältigende Mehrheit der Evolutionisten, die wahre Situation ihrer „Wissenschaft" nicht erfährt und nicht kennt** und darum frischfröhlich damit fortfährt, in allen Medien und überall sonst, im guten Glauben also, ihre Theorien zu verbreiten, wobei wegen der Abschirmung niemand, und auch sie selber nicht, den dahinterliegenden Betrug merken oder erfahren kann. -- Ein echt raffinierter Schachzug dieser „Elite", oder nicht?!

In neuster Zeit sind nun aber zwei Forscher aufgetreten, einer in Deutschland und einer in den USA, die finanziell unabhängig sind und darum selbständig in diesen beiden Disziplinen, Erdgeschichte und Evolutionslehre, forschen können, ohne auf Forschungsgelder angewiesen zu sein und die darum ihre Forschungen in vollständiger Unabhängigkeit und Freiheit durchführen und veröffentlichen können, wo immer und wie sie wollen, um viele Leser zu erreichen und wir wünschen, dass diesen zwei Forschern der Durchbruch in der Öffentlichkeit gelingt, nämlich diese Öffentlichkeit über die wahre Faktenlage aufzuklären. Es sind das die folgenden zwei Forscher:

Hans-Joachim Zillmer, Deutschland (Dok. 3), seine fünf Bücher wurden in mehr als 10 Sprachen übersetzt, und
Bruce Mallone, USA (Dok. 5), mit acht veröffentlichten Büchern und einer sehr eindrücklichen DVD seiner Vorträge.

Nun sind Historische Geologie und Evolutionslehre keine in der Öffentlichkeit sehr lebhaft und interessiert diskutierte Themen. Sie fristen eher ein etwas verstaubtes Nischen-Dasein. Das mag erklären, warum diese Scheinwissenschaften und Hirnwäschen nun bereits rund ein Jahrhundert lang sich haben behaupten können, weil eben kaum jemand hinter die Gardinen schaute!!! -- Diese zwei universitären Disziplinen, Evolutionslehre und Historische Geologie wären sonst, an allen Universitäten und Museen dieser Welt, unweigerlich und auf schnellstem Wege, mitsamt ihren Professoren und Dozenten und Abteilungsleitern „entrümpelt und entsorgt" worden!!!

Und diese Universitäts-Professoren und Museums- Abteilungsleiter in Evolution und Historischer Geologie, haben somit, Monat für Monat und Jahr um Jahr, ja ihr ganzes Leben lang, ihre hohen Gehälter entgegennehmen können, aus Steuergeldern finanziert selbstverständlich, und das jetzt schon über Generationen hinweg!!!

Es geht da um durch Betrug und Täuschung erzielte Einkommen dieser Professuren für Evolution und Historischer Geologie, um einen

Jahrhundertbetrug, einen Tatbestand, der vor den Gerichten überall auf der Welt, eingeklagt werden kann!!!

Und die Richter müssten diese Professoren fragen, warum sie diese Forschungsergebnisse an ihren Universitäten nicht lehrten und auch sonst nicht publik machten!!!

Es gibt aber auch noch den zweiten Tatbestand, der eingeklagt werden kann: Falschinformation und Belügen der Öffentlichkeit!

So nebenbei erwähnt:

An der Universität Frankfurt wurden Jahrzehnte lang, am laufenden Band, Datierungen gefälscht, bzw. frei erfunden (siehe unsere Seite 62: „Tatort Uni Frankfurt" und Dok.3: „Die Evolutionslüge", dort auch auf dem Buchumschlag)!

An einer Universität, nota bene, ist das geschehen!!! -- Kaum zu glauben!!!

Es ist halt eine Eigenschaft von uns Menschen, dass wir gerne das als Wahrheit annehmen, was gut in unser Gesichtsfeld oder in unseren Wunschkatalog passt!

Kapitel 1: Kleine Erdkunde und Übersicht

Auf unserer Erde gibt es zwei grundverschiedene Arten von Gesteinen. Die eine Sorte sind die Urgesteine (**kristalline Gesteine:** Granit und Gneis), die seit jeher, seit Entstehung der Erde, da waren, daher auch ihr Name „Urgesteine".

Die zweite Gesteinssorte sind die Ablagerungsgesteine, auch Sedimente genannt (Kalkstein, Sandstein, Schiefer, Nagelfluh), die **in** oder, **durch** Wasserfluten abgelagert worden sind und im Laufe der Jahrhunderte zu solidem Fels aushärteten. Diese Sorte Gesteine haben **eine Schichtstruktur**, was beweist, dass sie einst abgelagert worden waren. Das Bild auf der nächsten Seite zeigt diese Schichtstruktur.

An vielen Orten auf dieser Erde gibt es diese Ablagerungsgesteine oder Sedimente, die zudem Fossilien enthalten (Fossilien sind versteinerte Tierleichen). In den Urgesteinen finden sich keine versteinerten Tierleichen!

Gemäss dem biblischen Sintflutbericht und gemäss den Sintflut-„Sagen" in allen Kulturen dieser Welt, wurden diese Sedimente in **historischer Zeit** abgelagert und nicht im Laufe von Jahrmillionen, wie die moderne Geologie uns glauben macht. Modernste Forschungsberichte belegen, dass die Sintflut-Sagen offensichtlich mehr als blosse Sagen sind! Diese Sagen berichten nämlich übereinstimmend von einer grossen Flut, die einst die ganze Erde bedeckt hatte.

Hunderte von modernsten Forschungsberichten bestätigen, dass die Sedimentgesteine durch **grosse Wasserfluten** und nicht durch Flüsse abgelagert worden sind, und dass das Erdalter nicht Millionen von Jahre beträgt, sondern in der Grössenordnung von rund 10'000 Jahren liegt und dass das biblische Erdalter von 6000 Jahren da genau stimmen könnte. Diese Forschungsberichte präsentieren unwiderlegbare Beweise gegen die Evolutionslehre und gegen die Historische Geologie, aber die Öffentlichkeit bleibt von diesen Forschungsergebnissen systematisch und hermetisch abgeschirmt!

Sedimentgesteine, (aus Dok. 5)

Fossilien, was sind das?

In diesen aus Wasserfluten abgelagerten Gesteinsschichten sind Millionen von Tiere, jeder Art, mit begraben worden. Im Laufe der Jahrhunderte sind diese Tierleichen mit Mineralstoffen angereichert worden, sodass sie heute fast so wie das umgebende Gestein aussehen und ebenso hart geworden sind wie diese, aber trotzdem ihre ursprüngliche Form und Struktur beibehalten haben. Fossilien sind also versteinerte Tierleichen und werden **nur** in den Ablagerungsgesteinen oder Sedimenten dieser Erde gefunden. Damit solche, in Fluten begrabene Tiere bei ihrer Entstehung nicht verfaulten, mussten sie **sehr schnell, innerhalb von Stunden oder Tagen**, unter Luftabschluss, mit einer hohen Schlammschicht bedeckt werden.

Die Sedimentschichten werden auf Grund der darin gefundenen charakteristischen Fossilien, den sog. Leitfossilien, voneinander unterschieden und erhalten auf Grund der postulierten Evolution, fantasievoll je ein entsprechendes Alter und einen gut klingenden Namen zugeordnet.

Kapitel 2:
Unsere Erde, ein junger Planet, in einem jungen Kosmos!
Sechs unwiderlegbare Beweise!!!

Wir fassen aus dem Buch von Eduard Ostermann: „Unsere Erde - ein junger Planet -- das Ende einer Legende", 1983, Hänssler Verlag Neuhausen, Stuttgart, Dok. 2, zusammen:

Fehlender kosmischer Staub auf Mond und Erde
(Unwiderlegbarer Beweis #1)

Die erste Mondfähre, die auf dem Mond gelandet ist, wurde wegen dem erwarteten kosmischen Staub, mit riesigen Tellern unten an den drei Stelzen-Beinen ausgerüstet: Auf Grund des vermeintlich hohen Alters des Kosmos und des Sonnensystems, von rund vier Milliarden Jahren, hätte eine ca. 55 Meter hohe Schicht von kosmischem Staub auf der Mondoberfläche vorhanden sein müssen. Kosmischer Staub stammt aus dem Weltraum und weil es auf dem Mond kein Wasser (und auch keine Luft) gibt, musste man annehmen, dass dieser Staub locker geblieben wäre (mindestens die oberste paar Meter), sodass die Mondfähre ohne diese Teller hoffnungslos darin versunken wäre!

Aber was wurde auf der Mondoberfläche vorgefunden?:

Kaum eine Spur von kosmischem Staub! In 6000 Jahren gäbe es davon nur ca. 0,077 mm! Das gibt uns zugleich auch eine Vorstellung von dieser fast unvorstellbar riesigen Zeitdauer von 4 Mia. Jahren, die diese Höhe von 55 Metern Staub gebracht hätte! -- Dass aber kaum kosmischer Staub gefunden wurde, beweist, dass unser Sonnensystem und vermutlich auch der ganze Kosmos, sehr jung sind!

Da es auf dem Mond weder Wasser, noch Luft, noch Wind gibt, geschieht die Verwitterung durch die Temperaturzyklen zwischen Mondtagen und Mondnächten. Ein ganzer Mondtag (Mondnacht inklusive) dauert ja rund einen Monat und da wird es auf je einer Mondseite rund 14 Tage lang sehr heiß, und dann wieder rund 14 Tage lang sehr kalt (der Mond kehrt der Erde ja immer die gleiche Seite zu, deshalb ist der Mondtag gleich lang wie ein Mondumlauf um die Erde, also rund ein Monat).

Auch auf der Erde müssten sich diese 55 Meter an kosmischem Staub nachweisen lassen, aber solcher kosmischer Staub ist auch auf der Erde nirgends zu finden: Kosmischer Staub hat nämlich einen Nickelgehalt von rund 2,5 %, aber die Nickelvorkommen auf dieser Erde sind nicht in einen kosmischen Staub „eingepackt" und können darum nicht einem kosmischen Staub zugeordnet werden.

Unser Weltall ist ja riesig groß, vermutlich sogar unendlich groß, da man mit den größten Teleskopen noch kein Ende dieses Weltalls gefunden hat. Man kann da einwenden, dass es da Licht geben müsste, das schon Milliarden von Jahren unterwegs wäre. Aber wenn gemäss der Bibel, Gott die Erde mitsamt der Tier- und Pflanzenwelt, plus den ganzen Kosmos, durch Seine Machtworte in 6 Tagen erschaffen haben soll, so ist klar, dass Er dieses Weltall mitsamt dem Licht, das unterwegs ist, geschaffen hat!

Die Flüsse dieser Erde
(Nickelgehalt der Weltmeere, unwiderlegbarer Beweis #2)

führen rund 375 Millionen Tonnen Nickel, in gelöster Form, Jahr für Jahr in die Weltmeere. Diese Weltmeere enthalten aber insgesamt nur 3500 **Milliarden** Tonnen Nickel. Wenn man annimmt, dass das gesamte Nickel der Ozeane von den Flüssen dorthin transportiert wurde, so wären dazu rund 9'300 Jahre nötig gewesen, also kann die Erde nicht älter als diese rund 9'300 Jahre sein, nur jünger kann sie sein!

Auch dieser Beweis kann nicht widerlegt werden!!! -- Bei einem Erdalter von 6000 Jahren waren halt die Weltmeere schon bei der Schöpfung mit dem Nickelgehalt versehen worden, der der Differenz von 9300-6000=3300 Jahren entspricht!

Zwei weitere unwiderlegbare Beweise, #3 & #4

Jahr für Jahr führen die Flüsse dieser Erde rund 27,5 Milliarden Tonnen Material ins Meer, davon 15 Prozent (von über 70 Elementen) in gelöster Form. Irgendwann innerhalb der postulierten rund 4 Milliarden Jahre wären die Ozeanwasser mit diesen Stoffen **überlängst** gesättigt gewesen, aber es gibt diese Sättigungen gar nicht!

Auch müssten die Weltmeere in dieser unvorstellbar langen Zeit von 4 Milliarden Jahren, durch das von den Flüssen zugeführten Material, davon vollständig aufgefüllt worden sein. Das Verhältnis 0,077 mm zu 55 Meter, das wir beim kosmischen Staub errechnet haben, nun auf die Meere angewendet, würde doch ganz klar solches bedeuten!!! Aber diese Sedimentschichten auf den Meeresböden sind **erstaunlich dünn**, so dünn wie dazu eben **nur ein paar tausend Jahre nötig waren** und nicht Jahrmillionen, unvorstellbare vier Milliarden Jahre, ein weiterer Beweis für eine junge Erde!!! -- Haben diese „Wissenschaftler" nicht an solche Zusammenhänge und Konsequenzen gedacht???

Der Erdmagnetismus
(unwiderlegbarer Beweis #5)

nimmt nach einem exponentiellen Gesetz, mit einer Halbwertszeit von ca. 1400 Jahren, dauernd ab. Das ist eine sehr schnelle Abnahme: nach jeweils 1400 Jahren halbiert sich also die Stärke des Magnetfeldes der Erde (also, nach nochmals 1400 Jahren wäre es die Hälfte der Hälfte, also ein Viertel und nach nochmals 1400 Jahren ein Achtel, usw.)! Wenn man diese Kurve zurück extrapolieren und abschätzen würde, so müsste man auf ein Erdalter von rund 6'000 Jahren schließen, denn wenn man noch weiter zurückextrapolieren würde, so wäre die Erde vor 10'000 Jahren ein Magnetstern gewesen und vor 52'000 Jahren sogar ein Pulsarstern. Aber das war niemals der Fall. Das biblische Alter der Erde ist ja bekanntlich **ca. 6000 Jahre und dies könnte somit ganz genau stimmen!!!**

Das Magnetfeld der Erde schützt uns vor der kosmischen Strahlung, indem diese durch dasselbe gegen die Pole abgelenkt wird und dort die Polarlichter erzeugt. Aber wegen der schnellen Abnahme wird es bald einmal gefährlich sein, auf dieser Erde zu leben. In der Tat, eine der Plagen, die die Offenbarung (das letzte Buch der Bibel) für die Endzeit voraussagt, hat mit intensiver Strahlung zu tun. Das Magnetfeld der Erde vermittelt den Eindruck einer Uhr, die bei der Schöpfung aufgezogen wurde und nun schon bald abgelaufen ist.

Das fehlende Helium,
(unwiderlegbarer Beweis #6)

eine sehr sehr pikante, weitere Ungereimtheit der herrschenden Lehre: Die Altersbestimmung auf Grund von radioaktivem Zerfall von Uran 238 (Uran/Blei-Methode) ergibt ein Erdalter von ca. 4 Milliarden Jahren, aber in diesen 4 Milliarden Jahren wäre so viel Helium entstanden, dass die Atmosphäre heute fast aus lauter Helium bestehen müsste. -- Aber wo ist dieses Helium??? -- Nirgendwo!!! -- Wie kann also eine Altersbestimmung nach dieser Methode überhaupt schlüssig sein?

Und warum haben diese „Wissenschaftler" das nicht bemerkt???

Henry Faul berichtet (Nuclear Geology, John Wiley, New York), dass die Erde durch radioaktiven Zerfall jedes Jahr ca. 300'000 Tonnen Helium an die Atmosphäre freigibt. Die Atmosphäre enthält derzeit $3,5 \times 10^9$ (das sind 3,5 Milliarden) Tonnen Helium. Wenn also jedes Jahr rund 300'000 Tonnen Helium durch radioaktiven Zerfall in die Atmosphäre gekommen sind, so ist der **gesamte** Heliumgehalt der Luft in rund 11'700 Jahren entstanden. Also kann die Erde nicht älter als diese 11700 Jahre sein!!! Nur jünger kann sie sein!!! Also nochmals ein unwiderlegbarer Beweis für eine junge Erde!!! Bei einem Erdalter von 6000 Jahren, war also bei der Schöpfung schon Helium in der Atmosphäre!

Es gibt rund 70 Indizien für eine junge Erde, für die Evolution dagegen gibt es, außer philosophischen und Ideologischen Gedankengängen, keinen einzigen echten und stichhaltigen Beweis!!! Es wäre also Zeit für eine Revision der geltenden Weltanschauung, aber daran wird nicht im Entferntesten gedacht: -- Die Macht von Wunschdenken und Ideologie, gepaart mit Unaufrichtigkeit!!!

Kapitel 3
Vorurteilsfreie Geologie widerlegt Evolution!
(neun unwiderlegbare Beweise)

Ablagerung der Sedimente durch eine große Flut, die Sintflut, eine Tatsache!
(unwiderlegbarer Beweis #7)

Aus vielen Forschungsberichten geht hervor, dass die Ablagerungs- oder Sedimentgesteine dieser Erde, wie bereits gesagt, durch eine grosse Flut in kurzer Zeit entstanden und nicht in Millionen von Jahren durch Flüsse abgelagert worden sind. Auch haben wir bereits gesagt, dass Flüsse bekanntlich eine „**grosse Sauerei und Unordnung**" hinterlassen und keinesfalls so schöne und regelmässig abgelagerte Schichten.

Viele Forschungsresultate liefern den **erdrückenden** Beweis, dass die Sedimentgesteine nicht durch Flüsse in Jahrmillionen, sondern durch eine universelle Flut in sehr kurzer Zeit abgelagert worden sind. Diese Beweise können nicht widerlegt werden!!!

Die Arche Noah, Mallone „Explosive Geological Evidence for Creation".

Ein Beweis unter vielen für eine große Flut:

Der Steinkern eines aufrecht abgesetzten Hohlstammes einer **Sigillarie** *bezeugt die hohe Sedimentationsrate dieses karbonischen Schiefertons. Essen-Kupferdreh, 1954 (Archiv Ruhrland-Museum Essen), aus Dok 4), Seite 40-41.*

Die Entstehung dieses versteinerten Baumes kann nicht viele Millionen Jahre gedauert haben, wie die den Baumstamm umschließende Höhe der Sedimentschichten, gemäß etablierter Erdgeschichte, folgern lassen müsste, sondern ist eben in der sehr kurzen Zeit von Stunden oder Tagen, <u>unter Luftabschluss</u>, in einer universellen Flut entstanden, darum ist der ganze Stamm, von unten bis oben, vollständig erhalten geblieben und nicht verfault!!!

Hauptbeweis gegen die Evolutionslehre:
(unwiderlegbarer Beweis #8)

Dieser Beweis ist schon lange bekannt, aber man hat einfach so getan, als existierte er nicht, indem man einfach nicht darüber sprach, eine „brillante wissenschaftliche Taktik", oder nicht?!

Hätte die Evolution tatsächlich stattgefunden, so müsste es in der Aufeinanderfolge der evolvierten Tierarten Tausende und Abertausende von Zwischenformen oder Zwischengliedern geben. Aber die gibt es gar nicht, kein einziges echtes Zwischenglied ist je gefunden worden, aber bei der riesigen Menge von Fossilienfunden müsste solche in **sehr grosser Menge** vorhanden sein!!! Aber man findet **nur** gerade die heutigen Tierarten und eine Anzahl ausgestorbener Tierarten, darunter die Saurier, diese Riesenechsen. Das vermeintliche „Urpferd", eine offensichtlich ausgestorbene Tierart, wurde in der gleichen geologischen Schicht gefunden wie das heutige Pferd, obwohl Millionen von Jahren dazwischen liegen müssten!!! -- In der Evolutionslehre ist einfach alles an den Haaren herbei gezerrt, so auch hier!!!

Die fehlenden Zwischenglieder sind, neben den Beweisen für eine junge Erde, der nicht zu wiederlegende Hauptbeweis gegen die Evolutionslehre!!!

Es gibt zwar die Mutationen,

(spontane Veränderungen in der Erbsubstanz): Man hat an Taufliegen (Eintagsfliegen) durch starke Röntgenstrahlen solche Mutationen künstlich erzeugt, aber die Ergebnisse waren alle negativ, es entstanden nur Missbildungen und Verkrüppelungen, aber nie ein verbesserte Art, ein Ergebnis, genauso wie der zweite Hauptsatz der Wärmelehre, das Entropiegesetz, es voraussagt (siehe Seite 39)!

Aus dem Buch von Henry M. Morris,
(Dok.1: „The Genesis Flood")

Henry Morris ist einer der ersten ernst zu nehmenden Wissenschaftler gewesen, der es gewagt hatte, die Evolutionslehre in Frage zu stellen und der dadurch offensichtlich, eine ganze Lawine von Forschungen losgetreten hat. Der geologische Teil beginnt in seinem Buch bei Kapitel IV, die Kapitel I bis III beinhalten theologische Erwägungen: Herr Morris hätte sein Buch gerne in einem wissenschaftlichen Verlag veröffentlicht, wurde aber dort überall abgewiesen. Um deshalb wenigstens in einem christlichen Verlag durchzukommen, brauchte es offensichtlich einen theologischen Vorspann und das hat John Whitcomb in den Kapiteln I bis III getan. Aus diesem Buch möchte ich einige Punkte herausgreifen:

Die Sache mit den Leitfossilien

ist die Folgende: Man hat einfach angenommen die Evolutionslehre sei eine Tatsache. Demgemäss mussten die ältesten Schichten diejenigen sein, die Versteinerungen der primitivsten Lebewesen enthalten, wie Würmer, Muscheln, Schnecken, (Mollusken), etc. Höher entwickelte Tiere wie Kriechtiere, also Amphibien und Echsen, gehörten danach bereits ins sog. „Erdmittelalter" und die Säugetiere als die höchstentwickelten Tiere in die „Erdneuzeit", das sog. Tertiär und Quartär.

Nun kommen diese Evolutionisten und behaupten, die Evolutionslehre sei bewiesen, denn die primitivsten Tiere seien in den ältesten Schichten enthalten und die höchst entwickelten in den jüngsten, wo doch diese Schichten gerade auf Grund dieser Fossilien als alt oder als jung datiert wurden! Darum heissen diese Fossilien ja eben gerade „Leitfossilien"! -- Ein Zirkelschluss, oder bewusste Irreführung???

Wir denken an bewusste Irreführung!!!

Die sog. „Geologische Kolumne"
(ein kaum widerlegbarer Beweis, Beweis #9)

Die Aufeinanderfolge der postulierten rund 13 geologischen Zeitalter: Archaikum, Proterozoikum, Kambrium, Ordovizium, Silur, Devon, Karbon, Perm, Trias, Jura, Kreide, Tertiär und Quartär heisst „Geologische Kolumne" und ist auf Grund der sog. Leitfossilien (die charakteristischen Fossilien der Sedimente der postulierten geologischen Zeitalter) **konstruiert** worden und ist reine Fantasie, denn es gibt diese geologische Kolumne in ihrer Gesamtheit nirgends auf dieser Erde, sondern überall nur vermeintliche Teile davon, vielleicht einmal 2 bis 4 Schichten hier und wieder mal 2 bis 3 andere Schichten dort. Wenn diese Geologische Kolumne wirklich Realität wäre, so müssten doch an vielen Stellen dieser Erde die vollständige Geologische Kolumne, oder zum Mindesten grosse Teile davon, noch vorhanden sein! Aber das gibt es nirgends auf dieser Erde, sondern diese sog. Geologische Kolumne ist in Wirklichkeit eben ein **„Konstrukt"** der Evolutionisten und ist reine Fantasie und Glaubenssache, aber mit verpasster wissenschaftlicher Aura!!!

Man hat die verschiedenen Ablagerungsschichten auf Grund der „Leitfossilien" voneinander unterschieden und ihnen auf Grund der postulierten Evolutionslehre und der Leitfossilien je ein Alter zugeordnet, ihnen entsprechende und wohlklingende Namen gegeben und dann diese Schichten in der sog. „Geologischen Kolumne", dem postulierten Alter gemäss, in Gedanken übereinander angeordnet, als wäre das alles tatsächlich so abgelaufen und um, was ebenso wichtig war, der Lehre einen Schein von Wissenschaftlichkeit und Tatsächlichkeit zu verleihen.

Gesetzt der Fall, dass diese Konstruktion stimmen würde,
(unwiderlegbarer Beweis #10)

so müssten doch die ältesten Schichten immer unten liegen und die jüngeren immer darüber. Aber das ist bei weitem nicht der Fall. Es gibt auf der Erde rund 500 Stellen, wo ganz „alte" Schichten (Alter auf Grund der sog. Leitfossilien postuliert) über ganz „jungen" Schichten nahtlos abgelagert sind, z.B. der „Lewis Overthrust" in den Rocky Mountains, in Alberta und Montana, (USA) und Kanada, wie er **absichtlich irreführend** Overthrust (Überschiebung) genannt wird, denn es handelt sich da nicht um eine Überschiebung, da er sich über eine Länge von 200 km ausdehnt und **„nahtlos"** über der „jüngeren" Schicht abgelagert ist. Wäre diese Schicht übergeschoben worden, so müsste die Grenzschicht zwischen den beiden Schichten ganz zerklüftet, zerrieben und zerbröckelt sein, aber davon ist keine Spur zu sehen! **Nahtlos ist nahtlos!!!** Und zudem, eine Überschiebung in der Dimension von rund 200 km wäre an jener Stelle wissenschaftlich gar nicht erklärbar und dazu ist diese Grenzschicht praktisch horizontal. Ungefähr das Gleiche müsste man vom Heart Mountain Thrust sagen, siehe die nachfolgenden Bilder!

In den jungen Gebirgen gibt es solche Überschiebungen und da ist die Grenzschicht ganz zerbröckelt und zerrieben. Daran erkennt man ja gerade die Überschiebung.

Es folgen acht Bilder aus Dok. 1:
(Die geologischen Angaben sind gemäss offizieller Lehre.)

(Photo from American Museum of Natural History)

Ein Fossilien-Massengrab

(Photo by C. L. Burdick)

Kontemporäre Fussabdrücke von Saurier und Mensch, 70 Mio. Jahre alt

(Photo by C. L. Burdick)

Fussabdrücke von Riesenmenschen, 100 Mio. Jahre alt

(Photo by Wm. G. Pierce)

Thrust-Bild 1a: Heart Mountain Thrust

(Photo by Wm. G. Pierce)

Thrust-Bild 1b: Heart Mountain Thrust, Kontaktlinie

Thrust-Bild 2a: Lewis Overthrust

(Photo by Walter E. Lammerts)

Thrust-Bild 2b: Lewis Overthrust, Kontaktlinie

(Margot Behrend—Black Star)
Das Schweizer Matterhorn, ca. 70 km weit hierher geschoben

Die Entstehung von Fossilien:
(unwiderlegbarer Beweis #11)

Damit eine Versteinerung eines Tieres, insbesondere der Weichteile entstehen konnte, musste es innert Stunden oder Tagen unter Luftabschluss **schnell** mit einer hohen Schlammschicht überdeckt werden, sonst wäre das Tier verwest, lange bevor es hätte versteinert werden können. Da muss man sich schon fragen, wie können durch Flussablagerungen überhaupt Fossilien gebildet werden. Dabei gibt es Massengräber von Tierfossilien (siehe erstes Bild) die ganz offensichtlich nur durch eine grosse Flut entstehen konnten. Die Sintflut ist die einzige einleuchtende Erklärung für dieses Phänomen. Fossilien, als in Flussablagerungen entstanden zu postulieren, hat **entweder mit Schwachsinn zu tun oder ist vorsätzliche Täuschung!**

Bei den radiologischen Altersbestimmungen

werden unbeweisbare Grundannahmen zugrunde gelegt und zwar so zu Grunde gelegt, dass ein für die Theorie brauchbares Resultat herauskommen konnte und zudem widersprechen sich die Altersbestimmungen, je nachdem, nach welcher Methode man bestimmt.

Schon allein das fehlende Helium widerlegt die gebräuchliche Altersbestimmung nach der Uran/Blei-Methode. -- Da muss man sich doch fragen: Wie konnte sich diese Methode der Altersbestimmung überhaupt je etablieren, durch Leute, die als Wissenschaftler gelten wollen, **aber eher als Betrüger oder Täuscher angesehen werden müssen???** Wenn diese Methode der Altersbestimmung stimmen würde, so müssten wir heute praktisch eine Helium-Atmosphäre haben, weil so viel Helium in dieser langen Zeit von vier Milliarden Jahren entstanden wäre!

Haben diese „Wissenschaftler" nie über diesen Sachverhalt nachgedacht??? -- Kaum zu glauben!!!

Die C14-Methode:

Die einzig zuverlässige Methode für die Altersbestimmung ist die C14-Methode, die aber nur einige Zehntausend Jahre zurückreicht: Durch die kosmische Strahlung wird nämlich der Kohlenstoff (C12) im Kohlendioxid der Luft zu einem gewissen Prozentsatz verändert: es entsteht das radioaktive Kohlenstoff-Isotop C14. -- Die Isotope eines chemischen Grundstoffes unterscheiden sich nur durch die Anzahl Neutronen im Atomkern und damit dem spezifischen Gewicht, aber sie haben alle die gleichen chemischen Eigenschaften, die nämlich durch die Anzahl Elektronen, (gleich der Anzahl Protonen), bestimmt ist: Die Isotope eines chemischen Grundstoffes haben also alle die gleichen chemischen Eigenschaften.

Weil dieses Isotop C14 radioaktiv ist, zerfällt es mit der Zeit (mit einer Halbwertszeit von 5730 Jahren), aber wegen der kosmischen Strahlung entsteht dauernd neues C14 und ersetzt das zerfallende C14. Es entsteht so ein physikalischer Gleichgewichtszustand von konstant einem Atom C14 unter 10^{12} normalen Kohlenstoffatomen (10^{12} = eine Eins mit 12 Nullen dahinter, = eine Billion). Je stärker die kosmische Strahlung nun ist, umso höher ist der prozentuale Anteil des radioaktiven Karbon-Isotops C14 in der Luft.

Nun, der Kohlenstoff in der Nahrung von Mensch und Tier (Zucker, Stärke, Zellulose und Proteine) stammt von Pflanzen. Diese beschaffen sich den benötigten Kohlenstoff aus dem Kohlendioxid der Luft und davon ist eben ein gewisser Prozentsatz radioaktiv. Sobald nun aber der Kohlenstoff aus der Luft herausgenommen und als Zucker, Stärke, Zellulose oder Eiweiss in Pflanze oder Tier oder Mensch integriert ist, hat die kosmische Strahlung dort keine Wirkung mehr (die kosmische Strahlung wirkt nur in der Luft) und das C14 zerfällt mit einer Halbwertszeit von 5730 Jahren in Stickstoff unter Aussendung von Betastrahlung und neues C14 entsteht dort nicht mehr. Je länger also ein Tier unverweslich begraben liegt, umso weniger C14 ist in diesem Tier vorhanden, also nach 5730 Jahren nur noch die Hälfte und nach weiteren 5730 Jahren nur noch ein Viertel (die Hälfte der Hälfte), usw.

Wenn die Annahme einer Wasserdampf-Atmosphäre über der Luftatmosphäre stimmen würde (eine Vermutung unseres Autors Henry M. Morris), so ergäben die vorsintflutlichen Datierungen ein überhöhtes Alter, wegen der durch die vermutete Wasserdampf-Atmosphäre damals stark verminderten kosmischen Strahlung, die viel weniger C14 erzeugt hätte. In den französischen Alpen wurden Wandmalereien in Berggrotten gefunden, die nach der C14-Methode auf ein Alter 30 bis 40-Tausend Jahre geschätzt wurden, bei einem Erdalter von 6000 J.

Der zweite Hauptsatz der Wärmelehre
(unwiderlegbarer Beweis #12)

ist ein **unumstösslicher** Beweis gegen die Evolutionslehre und dieser Gegenbeweis ist schon sehr lange bekannt, ohne je ernst genommen worden zu sein!

Die Wärmelehre beruht auf zwei Grundgesetzen, der erste Hauptsatz bezieht sich auf die Konstanz der Energie: Energien können nur umgewandelt werden, z.B. Licht in Wärme, oder chemisch gespeicherte Sonnenenergie (Holz, Öl, Kohle) in Wärme oder andere Energieformen, aber es kann keine Energie verloren gehen und auch keine Energie aus dem Nichts entstehen.

Der zweite Hauptsatz der Wärmelehre handelt dagegen von der Richtung in welcher diese Energieumwandlungen vor sich gehen. Zur Illustration: Der maximal mögliche Wirkungsgrad einer Wärmekraftmaschine, z.B. einer Gasturbine (rund 40%) oder eines Benziners (25-35%) oder Dieselmotors (35-40%) resultiert aus diesem zweiten Hauptsatz der Wärmelehre.

Die Physiker zeigen, dass dieses Gesetz auf der Tatsache beruht, dass der Informationsgehalt in einem abgeschlossenen System (also einem System ohne äussere Eingriffe und Einflüsse) immer nur abnehmen oder höchstens konstant bleiben, aber niemals zunehmen kann (Entropiegesetz). Die Evolutionslehre postuliert aber gerade das Gegenteil, eine stetige Zunahme des Informationsgehalts der Lebewesen über die von ihr postulierten Jahrmillionen: die Erbsubstanz (DNA) einer Eidechse hat viel mehr Information als die Erbsubstanz eines Wurms und die Erbsubstanz eines Menschen viel mehr Information als die Erbsubstanz dieser Eidechse, also kann eine Evolution, die eine Höherentwicklung der Lebewesen beinhaltet, gar nicht stattgefunden haben, weil sie gegen dieses Grundgesetz verstossen würde, ein Gesetz das sonst universell gültig ist, nur bei der unbewiesenen Evolutionslehre sollte dieses Grundgesetz auf einmal nicht mehr gelten. -- Das gehört zur brillanten Logik der Evolutionisten, die seinesgleichen sucht!!!

Gefundene Fußspuren von Riesenmenschen

Die Bibel erzählt im 6. Kapitel vom 1. Buch Mose, dass es auf der Erde Riesenmenschen gab und genau solche riesigen Fußspuren wurden auch gefunden, siehe Bild auf Seite 33, unten.

„Ein jegliches Tier nach seiner Art",

so steht es in der Schöpfungsgeschichte der Bibel. Wir denken da an Hundeartige, an Katzenartige, an Huftierartige, an Nagetiere etc. etc., also Tierfamilien, wo Kreuzungen innerhalb der gleichen Familie noch möglich sind! Wir stellen uns das so vor, dass bei der Schöpfung von jeder Tierfamilie je ein Pärchen geschaffen wurde, in deren Erbsubstanz aber die ganze Auffächerung in die konkreten einzelnen Tierarten bereits enthalten war, einer Auffächerung, die schon in den ersten paar Generationen stattfand, z.B. bei den Katzenartigen die Auffächerung in Löwen, Tiger, Panther, Hauskatze etc. Bei den Hundeartigen, Fuchs, Wolf, Schakal und Hund, kann man beim Hund eine solche Auffächerung heute noch beobachten, wo durch Züchtung sehr viele Hunderassen entstanden sind. So denken wir, ist die Schöpfung bei allen andern Tierfamilien geschehen. -- Aber noch nie hat man aus einem Hund eine Katze, ein Rind oder einen Hasen züchten können!

Aber hiermit sind wir mit den Beweisen gegen Evolution und Historischer Geologie noch lange nicht fertig. In einem nachfolgenden Kapitel berichten wir über die zwei bereits genannten unabhängigen Forscher und ihre umwerfenden Forschungsresultate!

Kapitel 4: Kleiner Einschub
Darwin, und wie die Evolutionslehre entstand
(aus Dok. 5, DVD)

Im 18. Jahrhundert waren die Theologen diejenigen, die die Kultur beherrschten und wer intelligent genug war, studierte darum Theologie. Charles Darwin war ein solcher und er kam aus einer wohlhabenden Familie der oberen Klasse. Auch er studierte Theologie, denn er war intelligent, aber in ihm war auch viel Abenteuerlust und darum heuerte er sich für fünf Jahre auf einem Segelschiff an, um die Welt zu sehen.

Was er mitnahm war natürlich die Bibel, das Buch jener Zeit, aber der Kapitän machte ihn auf das Werk von Charles Lyell „Principles of Geology" aufmerksam, welches er darum in jener Zeit auch studierte. (In diesem Buch sind die Jahrmillionen der offiziellen Historischen Geologie „erfunden" und „schreibtischtheoretisch" auch begründet worden, von einem Juristen, der wahrscheinlich in seinem ganzen Leben noch nie einen Felsen richtig angeschaut hatte!)

Als Darwin bei einem Abstecher in das „Rio Santa Cruz"- Flusstal in Süd-Argentinien, die imposanten Felsformationen des einst durch Gletscher ausgehobelten Tales betrachtete, war dies für ihn der Anlass die Lehre der Bibel über Bord zu werfen, denn er dachte, wenn dieses kleine Flüsschen dieses tiefe Tal aus dem Fels heraus gefressen haben soll, wären dafür bestimmt Millionen von Jahre nötig gewesen. Dass dieses Tal durch Gletscher in wenigen Hundert Jahren (Eiszeit) aus dem Fels heraus gehobelt wurde, war zu jener Zeit noch unbekannt. So war dies für ihn der Anlass, die Theorien von James Hutton und Charles Lyell anzunehmen, wonach die Ablagerungen überall auf der Erde nicht durch eine Sintflut im Verlaufe von nur rund einem Jahr, sondern durch Flüsse in Millionen von Jahren entstanden wären. Ebenso wären auch die Täler, als durch Flüsse in Jahrmillionen aus dem Fels heraus gefressen, zu beurteilen.

Als er später, die Galapagos-Inseln besuchte und die dortige, vom bisher Bekannten etwas abweichende Tierwelt vorfand, dachte er an die Theorien von Hutton und Lyell, nämlich: „Stetige kleine Veränderungen, angesammelt über immense Zeitperioden, hätten die heutige Form und Ausgestaltung der Landschaften dieser Erde verursacht". Diese Gedanken, nun angewendet auf Pflanzen und Tiere, könnten die Entstehung der Pflanzen- und Tierwelt erklären, so wie wir sie heute vorfinden, folgerte er, und weiter dachte er, dass schlechte Veränderungen im Lebenskampf ausgemerzt würden und die guten Veränderungen erhalten blieben und diese sich so im Verlaufe immenser Zeitperioden immer weiter und weiter verbessert und höher entwickelt hätten.

Kurz: Die moderne Evolutionslehre war geboren! Aber es waren eben nur Gedanken, Beweise hat er keine gehabt und auch keine gesucht und trotzdem hat sich diese Lehre, wie eine Religion, über den ganzen Erdkreis verbreitet!

Santa Cruz Tal in Argentinien,
aus DVD von Malone „Explosive Evidence for creation"

Kapitel 5
Die Evolutionslehre, ein schamloser Betrug

Wie wir schon geschrieben haben, können diese Sedimente nicht durch Flussablagerungen, sondern nur durch eine grosse Flut entstanden erklärt werden, welche sie in sehr kurzer Zeit hingelegt hat. Die Bibel und die Überlieferungen in allen Kulturen dieser Welt berichten von dieser grossen Flut und selbst die Fossilien beweisen es, denn in Flussablagerungen entstehen keine Fossilien, weil die Tiere dort unweigerlich verwesen würden, lange bevor sie versteinert werden könnten.

Bis vor ca. 200 Jahren war die Sintflut als Ursprung der Ablagerungsgesteine oder Sedimente, mit den darin enthaltenen Fossilien, auch von den Geologen geteilt worden. Aber gegen Ende des 18. Jahrhunderts traten James Hutton, ein Grundbesitzer und **kein Geologe**, und Charles Lyell, ein Jurist und **ebenfalls kein Geologe**, mit der Lehre auf, die Sedimente dieser Erde wären nicht durch eine grosse Flut in sehr kurzer Zeit, nämlich in rund einem Jahr, sondern durch Flussablagerungen während Millionen von Jahren entstanden, also gerade das Gegenteil von dem, was gesunder Menschenverstand urteilen würde.

Offensichtlich waren sie beide Atheisten, getrieben vom Evolutionsgedanken und wollten dieser Lehre, die einen Zeitrahmen von Jahrmillionen voraussetzt, zum Durchbruch verhelfen. Lyell schrieb dazu sein grundlegendes Werk „Principles of Geology" (Prinzipien der Geologie) und unverständlicherweise übernahmen die Geologen seine Theorien. Hätte man diese Ablagerungen nur genauer angeschaut, so hätte sich diese neue Lehre in der Geologie nie etablieren können! Aber es ging da eben gar nicht um Wahrheit, denn hinter der Evolutionslehre stehen und standen ganz andere Beweggründe, worüber wir nachfolgend noch mehr sagen wollen.

Hutton und Lyell gründeten ihre Lehren auf dem von ihnen aufgestellten **Uniformitätsprinzip**, wonach die Gegenwart der Schlüssel zur Vergangenheit sei: Alle Veränderungen unserer Erdoberfläche müssten durch stetige kleine Vorgänge erklärt werden, wie sie noch heute stattfinden, die aber die über Millionen von Jahre angedauert hätten! -- Eigentlich ein sehr einleuchtendes Prinzip! -- Aber abgeleitet aus ideologischen und philosophischen Gedankengängen und nicht aus den Gegebenheiten der Geologie heraus, wie es sein sollte!

Zur Vorgeschichte der Evolutionslehre

Schon vor Darwin, dem Schöpfer der Evolutionslehre, gab es „evolutionistische" Gedankengänge und Theorien, aber diese Lehren konnten sich bis anhin nie durchsetzen, weil der dazu nötige Zeitrahmen von Jahrmillionen fehlte, da man damals noch an das biblische Erdalter von rund 6000 Jahren glaubte und in nur 6000 Jahren hätte nie eine Evolution stattfinden können. Es mussten also irgendwie Jahrmillionen herbeigezaubert werden, um einer solchen Idee zum Durchbruch zu verhelfen. Diese Jahrmillionen haben James Hutton und Charles Lyell mit ihrer Theorie geliefert und der Rest ist Geschichte!

Also: Vor rund 200 Jahren stand eine Ideologie im Raum -- und -- es ging in den Kreisen dieser Ideologen und Atheisten nicht in erster Linie um Tatsachen und um Wahrheit, sondern man suchte, diese Ideologie „wissenschaftlich" zu beweisen und ihr eine wissenschaftliche Grundlage und Anstrich zu verpassen -- und dazu schreckte man auch nicht vor Fälschungen und Lügen zurück, wie das Hans-Joachim Zillmer so treffend in seinem Buch "Die Evolutionslüge", (Dok. 3), beschreibt. -- Klar, wenn man etwas beweisen will, das nicht ist, kommt man nicht um solche „Krämpfe" herum und so kann man heute resümierend sagen, dass die Evolutionslehre nur auf Grund von Fälschungen sich hat etablieren können!

Im grossen Ganzen hat man einfach die Fossilienfunde im Sinne einer Evolution neu und tendenziös interpretiert. Wie bei einem normalen Theaterstück brauchte man auch hier eine Kulisse, nämlich eine Kulisse der Jahrmillionen. Die moderne Historische Geologie lieferte diese Kulisse, eine Kulisse, die von zwei Personen, die keine Geologen waren, nämlich Hutton und Lyell, gebaut worden war.

Weil die Evolutionslehre und die Jahrmillionen der modernen Historischen Geologie in das Lehrsystem der Schulen aufgenommen wurden, sind diese Lehren zudem „fast unsterblich" gemacht worden!

Moderne und institutionell organisierte Hirnwäsche, die Evolutionslehre in unserem Schulsystem

In unseren Schulen wird die Evolutionslehre als wissenschaftlich erwiesen gelehrt, was ja überhaupt und ganz und gar nicht stimmt!!! Und dass sie keinen einzigen stichhaltigen Beweis hat, aber viele Beweise dagegen, wird den Schülern oder Studenten **nie gesagt** und das alles **aus lauter Unwissenheit.** Man scheint dort, wie auch überall sonst in der Öffentlichkeit, nicht zu wissen, dass Evolutionslehre und Historische Geologie, als zwei **Scheinwissenschaften,** durch die heutige Forschung **total widerlegt** sind! Ausser einer Hand voll von Spezialisten, ist auch der Grossteil der Evolutionisten selber, darüber nicht im Bild! -- Dieses Nichtwissen ist die Folge der fehlenden, weil abgeblockten, öffentlichen Berichterstattung, über kontroverse Forschungsergebnisse in Geologie und Evolution, der Medien, über viele Jahrzehnte, ja über rund ein ganzes Jahrhundert hinweg!!!

Aus lauter Unwissenheit wird den Studenten **niemals gesagt,** dass es **sechs unwiderlegbare** Beweise für eine junge Erde gibt.

Dazu kommen die **neun unwiderlegbaren** Beweise gegen Evolution und Historische Geologie, aus der Geologie selber, auf Grund der Struktur und Aufeinanderfolge der Sedimentschichten und auch aus den Fossilien selber! Klar, dass aus Unwissenheit auch diese weiteren Gegenbeweise den Studenten **nie gesagt werden.**

Wir haben also ein Schulsystem, das aus lauter Unwissenheit, erlogene und durch Betrug ins Dasein gekommene Lehren, als wissenschaftlich erwiesen hinstellt und lehrt: -- Eine moderne, institutionell organisierte Hirnwäsche und Meinungsmanipulation der Öffentlichkeit!!!

Soll so etwas noch länger hingenommen und geduldet werden???
Wir meinen, diese Situation sollte so schnell wie möglich beseitigt und beendet werden!!! Gerade darum schreiben wir ja und darum ist von zwei modernen und unabhängigen Forschern darüber geforscht und geschrieben worden!!!

Über diese fünfzehn unwiderlegbaren Beweise hatten wir in den Kapiteln 2 & 3, ja ausführlich berichtet.

Zwei „Lug und Trug-Wissenschaften" behaupten sich über ein Jahrhundert hinweg, bis zum heutigen Tag! Wie ist so was möglich?

Diese Frage ist identisch mit der Frage, wie kann ein einfacher Bürger, oder auch ein Akademiker, diese Lehren auf einfache Art selber und selbständig nachprüfen und hinterfragen? -- Er kann doch nicht mit Rucksack und Pickel ausziehen und selber zu forschen beginnen! Er ist doch darauf angewiesen zu glauben, was da offiziell gelehrt und verbreitet wird!!!

Aber auch: „Wer schwimmt schon gerne gegen den Strom?!"

So konnten die „Evolutionisten" ihre Lehren ungehindert verbreiten und diese sogar mit Fälschungen untermauern, Fälschungen, die jeweils in den Zeitungen und Medien, mit grossem „Tamtam und Tralala" als umwerfende Entdeckungen verkündet und „bejubelt" wurden, begleitet mit ausgestellten Replikaten in allen Museen dieser Welt! Und immer, Jahrzehnte später, kam dann die Enttarnung, und wo diese Replikate klammheimlich aus den Museen wieder entfernt werden mussten, wobei die Öffentlichkeit aber kaum etwas davon erfuhr. -- Also, immer: Auftritt mit grossem „Tamtam und Tralala", und Rückzug klammheimlich, keine Zeitung schrieb darüber! -- Aber das Ziel war erreicht: der Irrtum war gesät und hielt sich hartnäckig, und ungestraft, auch in späteren Veröffentlichungen, **bis zum heutigen Tag!**

Wer sich gegen die Evolutionslehre stellte, wurde als altväterisch und dumm abgestempelt und verlacht, kurz, Kritik wurde nicht geduldet und wer dies trotzdem versuchte, wurden ausgegrenzt, wie Henry M. Morris (Dok. 1), der vor rund 50 Jahren einer der ersten ernst zu nehmenden Wissenschaftler war, der sich gegen diese herbei gezerrten Irrlehren stellte und der durch sein Buch, nach unserem Dafürhalten, viele der modernen Forschungen überhaupt erst ausgelöst hat: Seit Henry M. Morris, bis zum heutigen Tag, kamen Hunderte von modernen Forschungsberichten heraus, veröffentlicht in den speziellen hochwissenschaftliche Zeitschriften, die aber vom Zugang in die Zeitungen, in das Fernsehen und in unsere populärwissenschaftlichen Zeitschriften, abgeschirmt blieben.

Hätte die Evolutionslehre auf Tatsachen aufgebaut werden können, wären Fälschungen und auch Geheimhaltung nie nötig gewesen! Aber heute kann man schliesslich und endlich sagen: Auf Grund von moderner Forschung schwimmen den Evolutionisten die Felle davon!!! Nur, -- und das ist der Wermutstropfen -- die Öffentlichkeit erfährt nichts davon, sondern wird hermetisch und systematisch davon abgeschirmt und angelogen!

Und die Evolutionisten fahren, im guten Glauben zwar, aber unbeirrt fort, ihre Lehren in der Öffentlichkeit zu verbreiten, als ob es diese Forschungsresultate gar nicht gäbe, denn sie kennen den wahren Sachverhalt in ihrer Wissenschaft ja selber nicht!!! Klar, dank der hermetischen Abschirmung ist nicht einmal die überwältigende Mehrheit der Evolutionisten selber über die wahre Faktenlage ihrer „Wissenschaft" im Bild, denn nur ungefähr 500 Personen auf der ganzen Welt lesen diese hochwissenschaftlichen Zeitschriften. Was wir über diese hochwissenschaftlichen Zeitschriften denken, haben wir im Prolog bereits ausführlich geschrieben.

Systematische und hermetische Abschirmungen sind aber nur nötig, wenn Lug und Trug im Spiele sind! Und so etwas nennt sich dann „Wissenschaft"? -- **Aber, es ist nur der äussere Schein!!!**

Vor rund 30 Jahren kamen dann weitere Wissenschaftler, die diese modernen Forschungsresultate in gemeinverständlicher Form veröffentlichten, wie z.B. Eduard Ostermann (Dok. 2), und noch andere

(Dok. 6 - 10), die aber grösstenteils immer noch auf taube Ohren stiessen.

Aber inzwischen gab es weitere Forschungen und ist auch die Zeit vielleicht reifer geworden. Zwei Topwissenschaftler der neuesten Generation, die wir bereits erwähnt haben und die selbständig forschen und publizieren, könnten vielleicht in unserer Gesellschaft doch noch den Durchbruch schaffen.

Die Motivation von Charles Lyell

Wir haben bereits gehört, dass Charles Lyell ein Jurist und kein Geologe war. Aber warum hat er denn ein so grundlegendes Buch wie „The Principles of Geology" (Prinzipien der Geologie) überhaupt geschrieben, wo er doch kein Geologe und kein Fachmann in dieser Disziplin war und warum wurde seine Lehre von diesen Geologen, wider alle Vernunft und wider geologischen Realitäten, überhaupt angenommen???

Sicher, das Uniformitätsprinzip ist sehr bestechend, aber sein Beweis muss eben aus der Realität der Natur abgeleitet werden können und nicht aus philosophischen, weltanschaulichen oder ideologischen Gedankengängen! -- Hutton und Lyell gründeten ihre Lehren ja auf dem von ihnen aufgestellten Uniformitätsprinzip, wonach die Gegenwart der Schlüssel zur Vergangenheit sei: alle Veränderungen unserer Erdoberfläche müssten durch stetige kleine Vorgänge erklärt werden, wie sie noch heute stattfinden, aber die über Millionen von Jahre angedauert hätten.

Aber es müsste eben auch bewiesen werden können, dass dieser Schlüssel wirklich stimmt, sonst bleibt diese Aussage nur ein Gedankengebäude und eine dreiste Behauptung ohne Beweis. -- Diese Jahrmillionen in diesem Schlüssel sind ja inzwischen durch moderne Forschungen gründlich widerlegt worden! -- Eine junge Erde widerlegt diesen Schlüssel definitiv!!!

Die Motivation von Lyell geht aus einem Absatz eines Briefes zwischen zweien seiner Freunde hervor, eines Briefes, der der Nachwelt erhalten geblieben ist.

Der betreffende Absatz in diesem Brief (Bild, siehe nächste Seite) ins Deutsche frei übersetzt lautet:

‚Charles Lyell sagte: „Mir kam die Idee vor fünf oder sechs Jahren, dass, wenn überhaupt je, die biblische Chronologie des Moses widerlegt (umgeworfen) werden könnte, ohne Anstoss zu erregen, dies durch einen historischen Abriss, (in einem Buch über eine Historische Geologie) geschehen müsste. Wenn wir dies tun könnten, ohne Kränkung und Beleidigung in der Gesellschaft zu verursachen, welches ich fürchte, dass wir das tun könnten, dann könnten wir erreichen, dass alle auf unsern Zug aufspringen würden. Wenn wir nicht über sie triumphieren, sondern der Liberalität und der Offenherzigkeit des gegenwärtigen Zeitalters huldigten, so würden auch die Bischöfe und die erleuchteten Heiligen unserer Zeit, sich uns anschliessen und wir würden sie dazu bringen, dass auch sie die ehemaligen und heutigen Physico-Theologen verachten würden",

(weil alle als moderne und „up to date"*) Menschen angesehen werden möchten, Klammerinhalt vom Verfasser!),

und genau das ist in der Folge auch geschehen, denn diese Theorien wurden auch von den Theologen angenommen und in ihre theologischen Auslegungen der Bibel integriert, ein Beweis dafür, dass **diese „Theologen" nur Kopfwissen, aber kein Offenbarungswissen hatten!!!**

Offenbarungswissen ist Wissen, das direkt durch Gottes Heiligen Geist, den Menschen vermittelt wird. Offenbarungswissen ist aber gemäss der Bibel das identifizierende Merkmal eines gläubigen Menschen.

Was Lyell unter „Physico-Theologen" versteht, muss als spöttische Abqualifikation ausgelegt werden!

*) „up to date" bedeutet: auf heutigem, modernstem und neuestem Wissensstand.

Im zweitletzten Kapitel unseres Buches, im Kapitel 9, zeigen wir, dass der biblische Glaube, genau gleich wie alle Naturgesetze, experimentell bewiesen wird, nur heisst diese Sache dort nicht Experiment, sondern Gotterleben oder Gotterfahrung, aber es ist im Grunde haargenau das Gleiche!

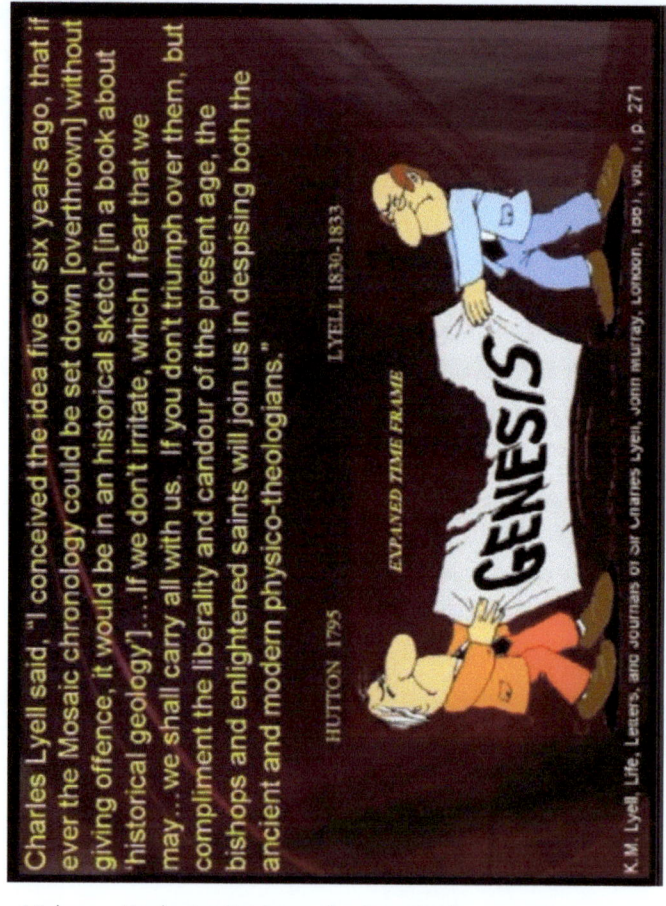

Aus DVD von Malone: „Explosive Evidence for Creation"

Zu jener Zeit gab es in England (speziell London) eine Vereinigung von Atheisten, aber sie nannten sich nicht Atheisten, weil Atheismus zu jener Zeit verpönt war, sondern ungefähr „Gesellschaft zur Erforschung der Welt"

Kapitel 6
Die neuesten Forschungsresultate

Aus Dok. 5: "Censured Science, the Suppressed Evidence",
DVD von Bruce Mallone (Beweis #13)

Explosive Geologische Evidenz für Schöpfung

Neuerdings hat man Fossilien nach der C14-Methode neu datiert und man hat darin noch so viel C14 gefunden, wie einem Alter von ein paar Tausend Jahren entsprechen würde. Wären aber diese Fossilien Millionen von Jahren alt, so hätte kein einziges Atom C14 darin mehr gefunden werden dürfen. Also sind diese Fossilien geologisch gesehen sehr jung, bloß ein paar Tausend und keinesfalls Millionen von Jahre alt und sind ganz offensichtlich durch die Sintflut entstanden. Das ist ein weiterer unwiderlegbarer Beweis gegen die herrschenden Lehren von Erdgeschichte und Evolution und zugleich ein weiterer unwiderlegbarer Beweis **(B#13)** für eine junge Erde.

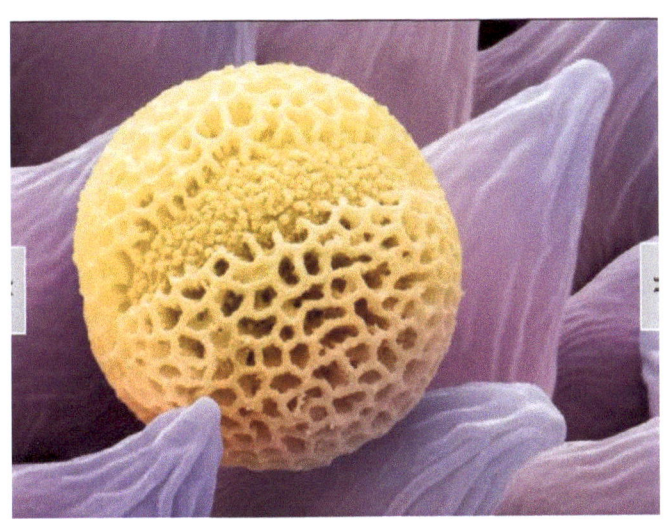

Pollenkorn (auf einer Narbe), durch Zufall entstanden???

Explosive geologische Evidenz für die Sintflut (Beweis #14)

(Aus "Explosive Geological Evidence for Creation", Video von Bruce Mallone, Dok.5), ein Megabeweis, dass Sedimente sehr jung sind!

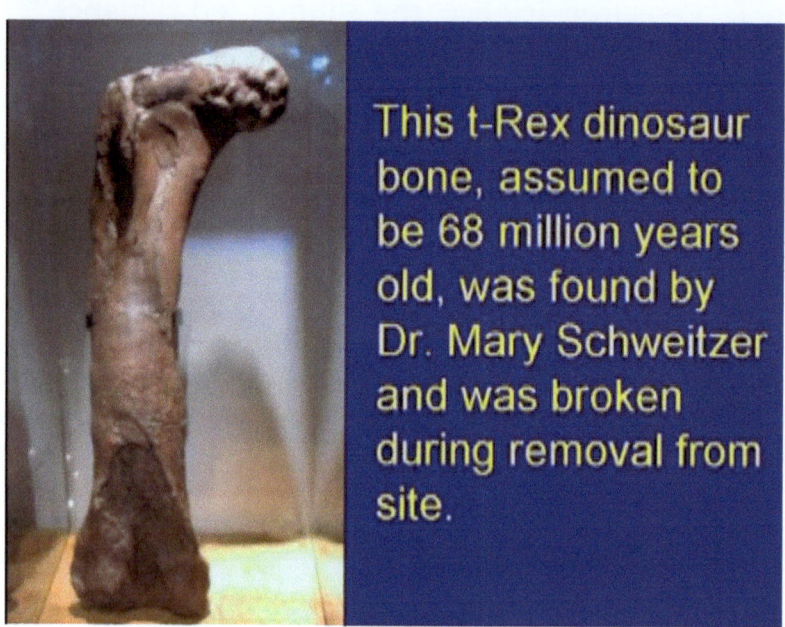

Bildtext: „Dieser T-Rex Dinosaurierknochen, 68 Mio. Jahre alt geschätzt, wurde von Frau Dr. Mary Schweitzer gefunden und wurde bei seiner Entnahme aus dem Gestein, unabsichtlich gebrochen, sodass das Innere sichtbar wurde".

Diese Frau hat diesen Dinosaurierknochen selbst gefunden, ausgegraben und das Innere dieses Knochens, mit den noch guterhaltenen Blutgefässen und Blutzellen, mit eigenen Augen gesehen, aber es hat bei ihr keine Revolution der Überzeugungen ausgelöst, dass mit dem geologischen Datierungssystem etwas nicht stimmen könnte, es hat sie bloss erstaunt! -- So sind Geologen in ihren übernommenen Vorstellungen oft hoffnungslos befangen, so als hätten sie keine eigene, unabhängige Urteilskraft! Das könnte man „Phänomen des Massenglaubens" nennen. Man findet das auch in anderen Disziplinen: In der Medizin (von der Pharmaindustrie beherrscht) und in den Wirtschaftswissenschaften (von der Finanzwelt beherrscht).

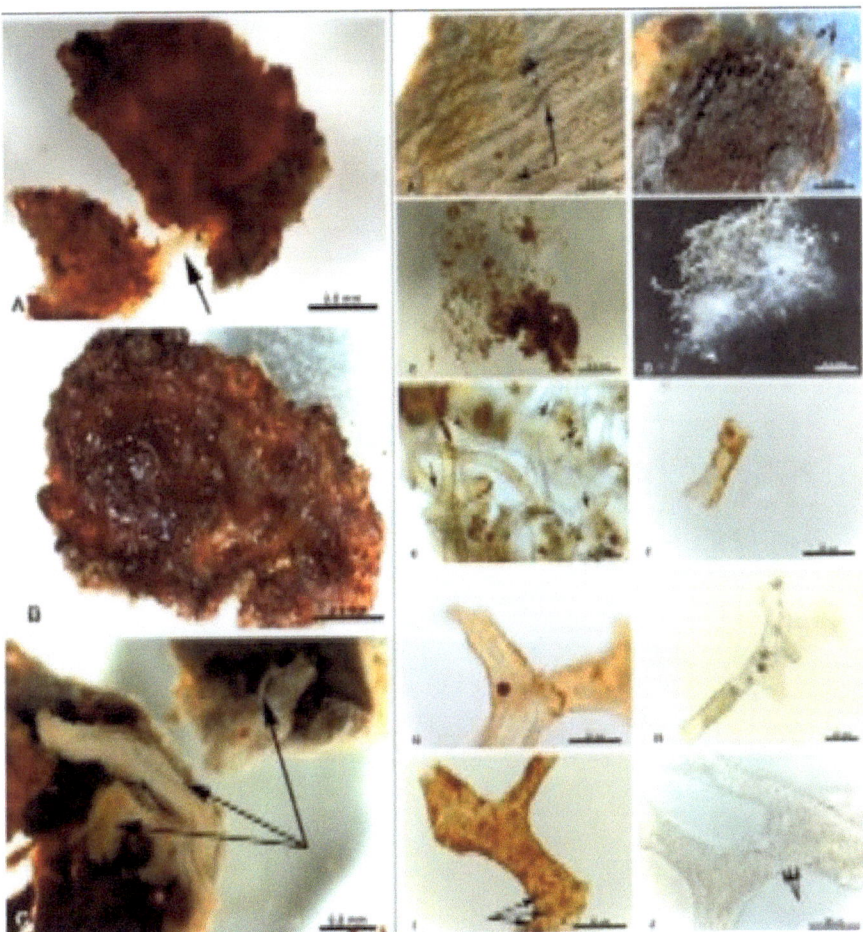

Dieses Bild zeigt, wie in diesem Saurierknochen guterhaltene Blutgefässe und Blutzellen gefunden wurden und so was soll gemäss Evolution 68 Millionen Jahren überdauert haben, ein Albtraum für einen Evolutionisten, dies zu erklären!!! -- Die Sintflut dagegen hat vor rund 4500 Jahren stattgefunden und das könnte passen, denn man hat auch in altägyptischen Abfall-Dumps noch unzersetztes Material gefunden. -- Man hat Saurierfossilien mit unzersetzten Weichteilen überall auf dieser Welt gefunden und die können unmöglich Millionen von Jahre alt sein, die Sintflut ist die einzige stichhaltige Erklärung dafür!

Wer hat diese Blumen nur bestäubt? (auch ein Beweis!)

Gemäß Evolutionslehre sind die Bienen erst ungefähr 30 Mio. Jahre nach diesen Blumen entstanden. Aber wer hat während diesen 30 Mio. Jahren diese Blumen bestäubt? (Aus DVD von Bruce Mallone, siehe Dok. 5:. Solche Ungereimtheiten gibt es in der Evolutionslehre gleich „tonnenweise"!!!

Der Piltdown Man, eine von vielen Fälschungen, (aus Dok. 5)

wurde 1912 gefunden, ein affenähnlicher Schädel und ein menschenähnlicher Kiefer, 40 Jahre lang in Textbüchern der Paläontologie beschrieben und Replikate davon überall in Museen ausgestellt und man glaubte, das sei der Beweis für die Evolution. 1952 wurden diese Knochen neu datiert und man fand, dass die Teile nichts miteinander zu tun haben und von verschiedenen Lebewesen und aus verschiedenen Zeitperioden stammen. In diesen 40 Jahren wurden aber darüber rund 300 Doktorarbeiten geschrieben und keiner der Doktoranden hatte bemerkt, dass an den Zähnen Abrasionsspuren von Feilen zu sehen waren. -- Da hatte sich einer einen Jux geleistet und alle diese Evolutionisten sind darauf hereingeflogen.

Mt. St. Helens, in den Rocky Mountains, (aus Dok. 5)
(Die Bilder erklären sich selbst. Mehr dazu nach diesen Bildern)

Bild 1, Mt. St. Helens in voller Eruption.

Bild 2, Berg weg

Bild 3: Gebiet mit kompletter Zerstörung (Area of complete devastation).

Bild 4: Der Schuttkegel ist innerhalb von einem Jahr zu solidem Fels geworden.

Bild 5: Die gefällten Bäume ringsherum.

Bild6: Umgeworfene Bäume in der betroffenen Gegend.

Kommentar

Da war ein jahrelanger Streit zwischen den Evolutionisten und den Kreationisten (Schöpfungsgläubigen, das englische Wort „Creation" bedeutet Schöpfung). Die Evolutionisten konnten nie akzeptieren, dass in nur 4500 Jahren solider Fels entstehen konnte und die Kreationisten hatten keinen andern Beweis als nur die Sintflut selbst. Darum hat, nach **unserer persönlichen Interpretation**, Gott selbst in diesen Gelehrtestreit eingegriffen und den Mt.St.Helens durch einen Vulkanausbruch richtig gehend explodieren lassen. Sehen wir uns das Resultat doch einmal an:

Der ganze obere Teil der Berges (Bild 2) ist dabei abgesprengt worden und in den „Spirit Lake" (auf Deutsch Spiritsee) gestürzt und das Wasser dieses Sees wurde dabei, wohl mit Überschallgeschwindigkeit, auf die umgebenden Wälder geschleudert und hat dabei weit herum alle Bäume gefällt, wie die letzten zwei Bilder 5 & 6 zeigen. Die Landkarte (Bild 3) zeigt das zerstörte Gebiet (Aerea of complete devastation). Nach dieser Katastrophe war der Seeboden sogar höher als zuvor der Wasserspiegel war!

Nun, die Quintessenz dieser „göttlichen Intervention" (für die, die solches glauben können!) ist in Bild 4 zu sehen. Da hatte sich ein Fluss innerhalb eines Jahres durch diesen Schuttkegel der abgestürzten Bergmassen von Mt. St. Helens gegraben und was kommt zum Vorschein??? -- Solider Fels und genau die gleiche Schichtung der Gesteine wie im Grand Canyon und überall sonst auf der Welt. **Innerhalb von nur einem Jahr** ist also hier aus Bergschutt und Vulkanasche in einem See solider Fels entstanden, wie Bild 4 eindrücklich zeigt. Da sollen die 4500 Jahre seit der Sintflut nicht genügt haben um soliden Fels zu bilden??? Wenn hierzulande ein Betonhaus gebaut wird, muss man ja auch nicht Millionen von Jahren warten, bis man einziehen kann, da genügen bekanntlich schon ein paar Wochen!

So vorgefasst in ihren Meinungen sind also Evolutionisten und nicht nur hier, sondern auch überall sonst, rund herum!!! -- Was ist also stärker als Realität, Wirklichkeit und Wahrheit??? -- Doch die Ideologie! -- Die Ideologie, die zur Religion geworden ist!!!

Die Welt und auf ihr die Tier- und Pflanzenwelt und der Mensch sind so wunderbar erschaffen worden (siehe Dok. 5 & 6), die Biochemie eines Lebewesens so hoch kompliziert, dass man sich fragen darf, wie konnte so etwas von selbst, durch Zufall, Mutation und Selektion, entstehen? -- Die Evolutionisten umgeben sich und ihre Lehren mit einer wissenschaftlichen Aura, aber alles was sie uns erzählen ist Fantasie und Märchen, nicht einen einzigen stichhaltigen Beweis haben sie! Und nie reden sie von den vorhandenen Beweisen gegen die Evolution, der Student in diesen Wissenschaften erfährt nie etwas davon!!! -- Und so hat die ganze Welt ihnen geglaubt und glaubt ihnen noch und noch!

Und weil ihre Lehren in das Lehrsystem der Schulen aufgenommen worden sind, sind diese Irrlehren zudem auch noch <u>unsterblich</u> gemacht worden!!! -- Ein unhaltbarer Zustand!!!

Forscher Dr.Dipl.Ing. Hans-Joachim Zillmer,

ein erfolgreicher Unternehmer in Deutschland, macht selbstständig geologische Forschung, wobei er echt revolutionäre Entdeckungen machte, die alle die Evolutionslehre in Frage stellen. Sein letztes Buch „Die Evolutionslüge" und auch den Verfasser, wollen wir Ihnen hier näher vorstellen: wir haben dazu aus dem Schutzumschlag des Buches und aus Texten (OCR=optische Buchstabenerkennung) gescannt.

Der hintere Einklappdeckel (mit OCR, gekürzt):

„In diesem Buch werden zahlreiche, bisher unterdrückte sensationelle Funde dokumentiert, die belegen, dass die vom wissenschaftlichen Establishment systematisch gefälschte Entwicklungsgeschichte des Menschen neu geschrieben werden muss."

„Dr. Dipl. Ing. Dipl. Ing. Hans-Joachim Zillmer. Jahrgang 1950. Selbstständig tätiger Beratender Ingenieur der Ingenieurkammer-Bau NRW. Mitglied der New York Academy of Sciences, verzeichnet im »Who's Who in Science and Engineering« sowie »Who's Who in the World«. Nominiert als Wissenschaftler des Jahres 2002 [IBC]. Seine Bestseller erscheinen in zehn Fremdsprachen: »Darwins Irrtum«, »Irrtümer der Erdgeschichte« und »Kolumbus kam als Letzter« (alle LangenMüller). Viele Veröffentlichungen, zahlreiche Radio- und Fernseh-Interviews, u.a. bei PR07 (Welt der Wunder) mit kontroversen Themen aus seinem »Dinosaurier Handbuch« (LangenMüller)."

Vordere Umschlagseite des Buches:

„In dem vorliegenden Buch zeigt Dr. Zillmer, dass die Lehrmeinung über die Geschichte der Menschheit, vom frühen bis zum modernen Menschen, als Lügengebäude zusammengebrochen ist. Erfundene Fakten, gefälschte Dogmen und eine unerwartete Fülle überzeugender Funde, die von den als Team arbeitenden orthodoxen Wissenschaftlern der Erd- und Lebensgeschichtsforschung unterschlagen wurden, zeichnen ein völlig anderes Bild des Ursprungs und der Geschichte der Menschheit."

Hintere Umschlagseite (mit OCR):

„Bereits mit seinem in zehn Fremdsprachen übersetzten Bestseller »Darwins Irrtum« wies Dr. Zillmer nach, dass es keine Evolution gab und die mit dieser Theorie fest verknüpften geologischen Zeitansätze falsch sind. Mehrere seiner schon 1998 getroffenen Voraussagen sind inzwischen bestätigt worden, u. a. dass der Grand Canyon nicht durch einen kleinen Fluss, sondern durch gewaltige Superfluten schubweise innerhalb kurzer Zeit, zuletzt vor nur 1300 Jahren, ausgeschürft wurde.

Bestätigt wurde durch neu vorgenommene Altersbestimmungen im Jahre 2004 auch, dass die meisten der Altsteinzeit zugerechneten Schädel von Neandertalern und frühmodernen Menschen um bis zu 28 000 Jahre jünger sind als bisher angenommen: Der »älteste Westfale« von Paderborn-Sande wurde über Nacht fast zum »jüngsten Westfalen«, denn er ist jetzt nur noch 250 Jahre jung. Jahrzehntelang wurden an der Universität Frankfurt Datierungen am laufenden Band bewusst frei erfunden bzw. gefälscht und man schrieb phantasievoll als »wissenschaftlich« bewiesen ausgegebene Märchen, offiziell die Geschichte unserer Vorfahren darstellend.

Der vordere Einklappdeckel des Buchumschlages (OCR):

Tatort Universität Frankfurt

»Zahlreiche Steinzeit-Schädel in Deutschland sind weit jünger als bislang behauptet«, lautete eine in den Nachrichten der Fernseh- und Rundfunksender meist nicht näher kommentierte Meldung vom August 2004. Tatsächlich (es waren an der Universität Frankfurt, am laufenden Band und Jahrzehnte lang, Datierungen gefälscht worden) handelt es sich um eine an der Universität Frankfurt gezündete »Splitterbombe«, die im Wissenstempel der Erd- und Menschheitsgeschichte geplatzt ist. Schädel von Neandertalern und anderen Frühmenschen aus der Altsteinzeit mussten nachträglich um bis zu 27 000 Jahre auf ein Alter von wenigen tausend oder nur hundert Jahren verjüngt werden. Der sogenannte »älteste Westfale« von Paderborn-Sande wurde über Nacht fast zum »jüngsten Westfalen«, denn er ist nur noch 250 Jahre jung. Zur gleichen Zeit wird die so genannte »Eiszeitkunst« in großen Ausstellungen gefeiert. Doch es gibt analog zu den neuen korrigierten Altersdatierungen keine entsprechenden Knochenfunde für diese Zeiträume der Altsteinzeit mehr. Das Alter der zusammen mit der 32 000 Jahre alten »Eiszeitkunst« gefundenen Knochen in der berühmten Vogelherdhöhle wurden im Jahre 2004 um 27 000 auf ein Alter von 5000 bis 3900 Jahre v. u. Z. geradezu bergrutschartig verjüngt.

Die Suche nach der Herkunft des Menschen entpuppt sich als eine Kriminalgeschichte mit brisantem Hintergrund, denn die Evolutionstheorie konnte sich nur durch die Etablierung von wissenschaftlichen Fälschungen entwickeln, die meist erst Jahrzehnte später klammheimlich aus den Museen und Fachbüchern entfernt wurden, nachdem mehrere Generationen diese Fälschungen als vermeintliche Wahrheit quasi mit der Muttermilch aufgesogen und nicht mehr hinterfragt haben. Aufgrund neuester Forschungsergebnisse werden in diesem Buch eine ganze Reihe von Dogmen gleichsam pulverisiert: Die Evolutionstheorie wird als Pseudo-Wissenschaft entlarvt, als eine »wissenschaftliche« Ersatzreligion."

Texte aus dem Buch „Die Evolutionslüge"

Im Folgenden sind aus diesem Buch die Seiten 139 – 141 (+142 oben) mit OCR herauskopiert worden:

Lug und Trug: Die Menschwerdung

In der Wissenschaft existiert ein Wissensfilter, *der unwillkommenes Material aussiebt. Diese Wissensfilterung wird bereits seit dem Ende des 19. Jahrhunderts betrieben und dauert bis heute an. Der Lehrmeinung widersprechende Funde werden abgelehnt, ohne dass eine sorgfältige Überprüfung des Befundmaterials geschieht. Hat im wissenschaftlichen Establishment (Science Community) erst einmal das Gerücht die Runde gemacht, dass ein spezieller Fund unseriös sei, genügt dies den meisten Wissenschaftlern, um sich nicht mehr mit dem angezweifelten Material zu beschäftigen. Ein Mantel des Schweigens wird dann darüber ausgebreitet. Neu heranwachsende Wissenschaftler wissen dann auch nichts* mehr von der Existenz kontroverser oder sogar der herrschenden Theorie krass widersprechender Funde und glauben selbst, ja sind felsenfest davon überzeugt, dass sie vom universitären Wissenschaftsbetrieb umfassend und allwissend ausgebildet wurden. Deshalb müssen frühere Beschreibungen kontroverser Funde für eine "Zeit der erforderlichen Wissenschaftsrevision", quasi dem Galilei-Fall der Wissenschaft, präsent gehalten werden, bis eine vorurteilsfreie, kritische Forschergeneration heranwächst, **die Theorien nach Tatsachen ausrichtet und nicht umgekehrt** (Hervorhebung durch uns).

Wissensfilter:

Im Oktober 1998 wurde der Film »Hat die Bibel doch Recht? Der Evolutionstheorie fehlen die Beweise« von Fritz Poppenberg vom Fernsehsender »Sender Freies Berlin« ausgestrahlt. Daraufhin erhoben *drei* Wissenschaftler offiziell Einwände. Der Dokumentarfilm erhielt einen Sperrvermerk und »darf planmäßig nicht mehr im Fernsehen gezeigt werden« (Kutschera, 2004, S. 248). Nachdem Professor Dr. Ulrich Kutschera *(Universität Kassel)* während einer Rede mit dem Titel »Evolution, das Generalthema der Biowissenschaften« auf der Jahrestagung des Verbands deutscher Biologen am 27. Oktober 2002 explizit vor Poppenbergs Film, den Büchern »Darwins Irrtum« (1998) und »Ein kritisches Lehrbuch« (Junker/ Scherer, 2001) gewarnt hatte, gründete man im Anschluss an das Treffen die *Arbeitsgemeinschaft Evolutionsbiologie,* um die weitere Einflussnahme des Antidarwinismus auf Bildung und Öffentlichkeit zu verhindern und **die Arbeitsplätze der Evolutionstheoretiker zu sichern** (Hervorhebung durch uns).

Wenn von der Unterdrückung von Beweisen gegen die Evolutionstheorie die Rede ist, dann handelt es sich nicht um vereinzelte *wissenschaftliche* Verschwörer, die die Öffentlichkeit hinters Licht führen wollen. Es handelt sich vielmehr um einen andauernden Prozess der systematischen Wissensfilterung, der harmlos erscheint, aber im Laufe der Zeit beträchtliche Ausmaße und quasi eine Undurchlässigkeit für unerwünschte Informationen entwickelt hat, die sich ständig steigert.

Entsprechend erhielten meine kontroversen Themen aus »Darwins Irrtum« einen Sperrvermerk. Ein mit mehreren *Auszeichnungen* dekorierter Regisseur wollte 1999 gar eine ganze Serie für öffentlich-rechtliche Fernsehanstalten drehen, bekam aber klipp und klar gesagt: Wer mit Zillmer **auch nur einen einzigen Dokumentarfilm dreht, erhält keinen einzigen Auftrag mehr** (Hervorhebung durch uns).

Auf diese Weise verschwinden kontroverse Erkenntnisse, die der Lehrmeinung widersprechen, ganz einfach aus dem Blickfeld und erhalten keine Chance, in anerkannten wissenschaftlichen Magazinen veröffentlicht *zu* werden. Beispielsweise entscheiden zwei konservative Gutachter über die Zulässigkeit der Veröffentlichung von Forschungsergebnissen im Fachblatt »Science«. So kommen kontroverse Forschungen nicht in den Blickpunkt anderer Wissenschaftler und schon gar nicht in die Öffentlichkeit. Die abgelehnten Forschungsberichte werden dann in speziellen Fachblättern veröffentlicht, die weltweit vielleicht 500 Spezialisten lesen.

Ergebnis:

Die kontroverse Forschung wurde in den Fachdisziplinen beerdigt. Wissenschaftler, die brisantes Beweismaterial vorlegen und diskutieren, werden als unseriös denunziert, in ihrem beruflichen Werdegang behindert oder sogar suspendiert. Erschwerend kommt hinzu, dass »heute bereits jeder Spezialist schon im Bereich recht nahe benachbarter Disziplinen nur noch zum allgemein gebildeten *Publikum* gehört, dem ohne verständliche und gute Einführungen ein Eindringen in die dort aufgeworfenen Probleme und das davon abhängige Verständnis nicht mehr möglich ist« (Beck, 1966, S. IX). Damit hält höchstens eine Hand voll große Gruppe von Spezialisten je Fachdisziplin ein lupenreines Monopol in ihren Händen: Niemand ist autorisiert, über fachspezifische Forschungsergebnisse zu diskutieren, da es sich bei allen anderen, auch bei Professoren eng verwandter Wissensgebiete, um Nichteingeweihte, also Unwissende handelt, die vorgeblich keine Ahnung von der Materie haben.

Zum Glück für die Menschheit hat sich das Internet als Informationsquelle durchgesetzt, sodass Informationen sofort verbreitet werden können. Die praktizierte Verheimlichung von brisanten Informationen funktioniert deshalb nicht mehr nach altbewährtem Muster. Es ist aber zu beobachten, dass interessierte Kreise das Internet auch zur Denunziation benutzen, indem die Diskussionsrunden von geschulten Wissenschaftlern und gedrillten Laien zur Aufrechterhaltung der alten Dogmen und zur Normierung der Meinungsbildung benutzt werden. Hierzu dient u. a. ein rüder Umgangston einschließlich persönlicher Beschimpfungen, der den allgemein Interessierten veranlasst, diesen Diskussionsrunden fern zu bleiben. Damit ist das Ziel erreicht, der Informationsfluss wurde unterbunden.

Nach wie vor stellt das Buch eine Informationsquelle dar, die längere Zeit Bestand hat und dessen Informationsgehalt nicht so einfach aus der Welt geschafft werden kann. In dem vorliegenden Buch sollen für diejenigen, die sich mit den menschlichen Ursprüngen und Anfängen beschäftigen, Hinweise, Texte und Materialien vorgestellt werden, die in den heutigen Standardwerken fehlen und zudem nicht leicht zu beschaffen sind. Es wird sich zeigen, dass die derzeit herrschenden Ansichten über die menschlichen Ursprünge einer tiefgreifenden Revision bedürfen."

Weiter: Aus der Fülle von Beweismaterial gegen die Evolutionslehre, das in diesem Buch, „Die Evolutionslüge" zusammengestellt ist, möchten wir eine weitere Kostprobe herauskopieren, damit der Leser eine kleine Ahnung vom Inhalt dieses Buches bekommt (das Buch ist 3,4 cm dick):

Seiten 150 -153:

Menschen vor den Dinosauriern

Am 9. Juni 1891 füllte die Herausgeberin der Lokalzeitung in Morrisonville im US-Bundesstaat Illinois, S. W. Culp, ihren Kohlenkasten. Da einer der Kohlebrocken zu groß war, zerkleinerte sie ihn. Er zerbrach in zwei nahezu gleich große Teile. Zum Vorschein kam eine zarte, ungefähr 25 Zentimeter lange Goldkette »von alter und wundersamer Kunstfertigkeit« (»Morrisonville Times«, 11. Juni 1891, S. 1). Die eng beieinander liegenden Enden der Kette waren noch immer fest in der Kohle eingebettet. Dort, wo der jetzt gelöste Teil der Kette gelegen hatte, war ein kreisförmiger Abdruck in der Kohle sichtbar. Das Schmuckstück war offenbar so alt wie die Kohle selbst. Eine Analyse ergab, dass die Kette aus achtkarätigem Gold gefertigt wurde und zwölf Gramm wog. Als die Besitzerin der Kette 1959 starb, ging diese verloren. Hinweise auf die Herkunft der Kette anhand irgendeines handwerklichen Details sind nicht bekannt.

Die Kohle, in der die Kette eingebettet war, ist angeblich 260 bis 320 Millionen Jahre alt. Nehmen wir an, dass dieser in der Literatur vielfach beschriebene Fall authentisch ist, dann ergeben sich unglaubliche Konsequenzen: Hat eine Kultur in dieser uralten, vor der Dinosaurier-Ära liegenden Zeitepoche existiert, die Goldketten herstellen konnte? Dann wäre die Theorie der menschlichen Evolution der größte Irrtum des zweiten Jahrtausends. Die andere Lösung besteht wieder, wie immer in fehlerhafter Datierung der Kohleentstehung. Entstand die Steinkohle, generell gesehen, nicht vor Hunderten von Jahrmillionen im Kohlezeitalter (Karbon), sondern vor nur einigen tausend Jahren? Für diesen Fall stellt die Anwesenheit der Goldkette in einem Kohlebrocken kein Rätsel dar. Allerdings erscheinen dann die 300 Millionen Jahre der geologischen Zeitskala als frei erfundene Phantomzeitalter. Die Anfertigung einer Goldkette ist die Arbeit eines Spezialisten und keinesfalls das Werk eines »Steinzeitmenschen«. Die ältesten bekannten Goldketten sind ungefähr 5000 Jahre alt. Achtkarätiges Gold ist eine Legierung, die aus acht Teilen Gold hergestellt wird, die mit sechzehn Teilen eines anderen Metalls, meist Kupfer, gemischt werden. Aber ein Standard von acht Karat existierte jedenfalls nie. Zum Zeitpunkt der *Entdeckung* der Kette von Morrisonville bestanden Goldlegierungen meist aus 15 karätigem Gold und trugen einen Stempel.
Es handelt sich bei diesem Fund um keinen Einzelfall. Beispielsweise wurden *in* Kohle aus dem Karbon-Zeitalter entdeckt:
- Eine Art Messbecher im Jahre 1912 in Wilburton (Oklahoma). Bei der Verarbeitung von Kohle stemmte Frank J. Kenard ein großes Stück aus-

einander, und heraus fiel eine Art Topf oder Messbecher aus Eisen. Dieser Fund wurde bezeugt durch Jim Stull, einem Angestellten der *Municipal Electric,* notariell niedergelegt vor Julia L. Eldred.
• Ein Fingerhut (J. Q. Adams in »American Antiquarian«, 1883, S. 331-332).
• Ein Löffel (Harry Wiant in »Creation Research Society Quarterly«, Heft Nr. I des 13. Jahrgangs, 1976).
• Ein eiserner Kessel und menschliche Fußabdrücke in Kohle (Wilbert H. Rusch in: »Creation Research Society Quarterly«, 7. Jahrgang 1971).
• Ein Instrument aus Eisen (John Buchanan in: »Proceedings of the Society of Antiquarians of Scotland«, 1. Jahrgang 1853). Es gibt sogar Funde aus noch älteren geologischen Schichten:
• Im Jahre 1844 trug Sir David Brewster einen Bericht der Britischen Gesellschaft zur Förderung der Wissenschaft vor. Er erklärte, Arbeiter hätten im Steinbruch von Kingoodie nahe Dundee (Schottland) einen Sandsteinblock zerschlagen. Zum Vorschein kam der Kopf eines Nagels, der mit drei Zentimetern des Schafts noch immer fest im Gestein eingebettet gewesen sein soll (Brewster, 1845). Der Sandstein in dem betreffenden Gebiet ist angeblich mindestens 387 Millionen Jahre alt, stammt damit aus dem älteren (unteren) Devon, dem Zeitalter *vor* dem Kohlezeitalter (Karbon).
• Laut einem Bericht in der Zeitschrift »Scientific American« am 5. Juni 1852 (S. 298) befand sich ein metallenes Schiff oder Gefäß mit Silbereinlage in entsprechenden viel zu alten geologischen Schichten.
• *In purem* Fels eingebettet wurde ein Goldfaden in der Nähe von Rutherford Mills (England) entdeckt (»Times« in London, 22. 6. 1844, S. 8 und »Kelso Chronicle«, 31. 5. 1844, S. 5).
• In Kalifornien wurde 1851 ein abgebrochener Eisennagel in einem Quarzbrocken gefunden. *Unter* dem Titel »Ein Rätsel für die Geologen« berichtete die London »Times« (24. 12. 1851, S. 5) über diesen Fund."

Es folgen noch, aus Dok. 3: „Darwins Irrtum" fünf Bilder, alles Beweise für die Sintflut.

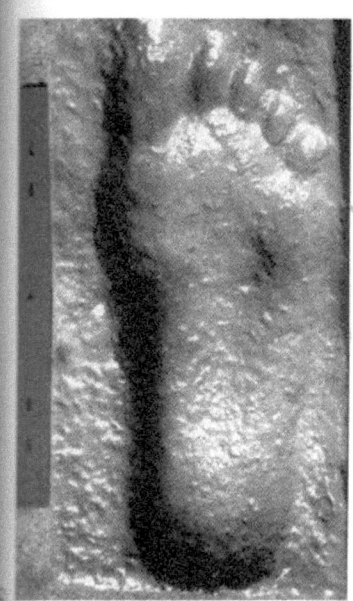 

72 Der von dem Geologen Billy Caldwell gefundene menschliche Fußabdruck gilt bei Kritikern als zu perfekt. Dieser Abdruck wurde in ursprünglichem Kalkstein gefunden, der mit Fossilien durchsetzt war.

73 Der Detweiler genannte Fußabdruck ist schmaler als der Caldwell. Man erkennt alle fünf numerierten Zehen.

74 Ein versteinertes Nest mit Dinosauriereiern aus Florida. Man erkennt, daß das Gestein weich gewesen sein muß, da die Eier umschlossen und konserviert sind. Kann dieses Nest langsam versteinern?

48

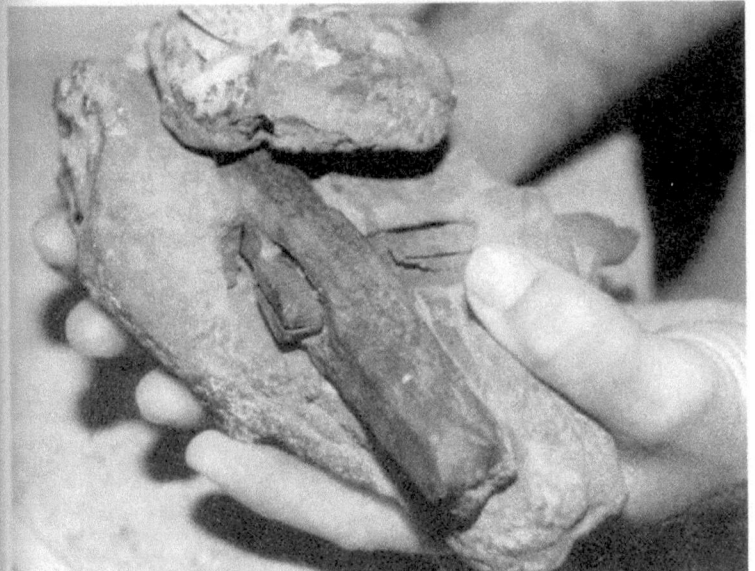

49

48 Der Hammer von London (Texas) war komplett in altem Sandstein eingehüllt. Nur der versteinerte Hammerstiel schaute aus dem Felsbrocken heraus. Das Alter des Sandsteins wird auf 140 Millionen Jahre geschätzt.

49 Der Hammer ist nach der Öffnung des Steins abgebildet. Vorne am Hammerkopf erkennt man eine kleine Beschädigung als silbrige Stelle, die bis zum heutigen Tag nicht gerostet ist.

Kapitel 7: Das Geschehen der Sintflut

(Essay des Autors, gestützt auf Dok.1)

Alte und junge Gebirge

Man redet in der Geologie von jungen Gebirgen (Alpen, Himalaya, Anden, Kordilleren, Sierra Nevada, Rocky Mountains, Karpaten, Kaukasus) und von alten Gebirgen (in Deutschland z.B. der Harz, oder im fernen Osten die koreanischen Berge), die man auch Rumpfgebirge nennt. Die jungen Gebirge sind sehr hoch, bis 8000 Meter und mehr über Meer (Himalaya), aber die alten Gebirge, die Rumpfgebirge, dagegen sind relativ niedrig, in der Größenordnung von 1000 bis maximal rund 2000 Metern.

Vor der Sintflut gab es nur die Rumpfgebirge, es waren dies die Urgebirge, die bei der Schöpfung vor rund 6000 Jahren entstanden waren. Diese Urgebirge wurden im Sinne der Jahrmillionen der offiziellen Erdgeschichte in „Rumpfgebirge" umbenannt, um damit zum Ausdruck zu bringen, dass diese Gebirge durch Verwitterung und Abtragung während Jahrmillionen zu diesen niedrigen „Rumpf"-Gebirgen wurden! Aber das ist tendenziös gedeutet und geht nicht aus den geologischen Gegebenheiten hervor, auch darum, weil die Erde nicht Millionen von Jahre alt ist!

Vierzig Tage ununterbrochen Regen

Weiter spricht die Bibel davon, dass es beim Eintritt der Sintflut 40 Tage lang geregnet hat, aber auch, dass die Brunnen der großen Tiefe sich geöffnet hätten (1. Mose 7.11). Es könnte also sein, dass sich der Meeresboden gehoben hat und die Meereswasser sich in Sturzfluten über die ganze Erde ergossen und dass all diese Wasser (Regen und „Tsunamis") schließlich auch die höchsten Berggipfel bedeckten, wie die Bibel sagt, die Berge, die ja damals noch in der Größenordnung von 1000 bis höchstens 2000 Metern waren. Henry M. Morris (Dok. 1) vermutet bei den Brunnen der Tiefe unterirdische Seen oder gar unterirdische Meere, die bei Eintritt der Flut ihre Wasser ausstießen, genau so wie die Bibel sagt und auch wir denken, dass es so war!

Aber am Ende der Sintflut mussten die Wasser der Sintflut durch die Weltmeere (wieder) aufgenommen werden, d.h. der Meeresboden musste sich (wieder) absenken und es scheint, dass die dabei verdrängten Erdmassen unter diesen Meeresböden, zu den jungen Gebirgen, überall an den Rändern dieser Weltmeere, sich aufgetürmt haben. Das betrifft die Kordilleren und die Anden in Südamerika, die Sierra Nevada und die Rocky Mountains in Nordamerika. Der indische Subkontinent scheint dabei gegen den asiatischen Kontinent gestoßen worden zu sein und den Himalaya aufgetürmt zu haben, und Italien an Europa unter Emporheben der Alpen! Man weiß ja heute, dass die Kontinente driften, so als wäre der Untergrund plastisch, in der Größenordnung von Millimetern pro Jahr.

Man kann sich nun fragen, wie konnte es auf der ganzen Erde 40 Tage lang ohne Aufhören regnen? Auf Grund der Bibelstelle 1. Mose 1.6-8. wo es heißt, dass Gott eine Feste, den Himmel, machte und einen Teil des Wassers über der Feste und den andern Teil Wassers unter der Feste anordnete, postuliert Henry M. Morris in seinem Buch (Dok. 1), dass sich über der Luft-Atmosphäre eine Wasserdampf-Atmosphäre müsse befunden haben. Wasserdampf ist ja leichter als Luft. Bei niedrigem Luftdruck siedet das Wasser schon bei Zimmertemperatur, bei normalem Luftdruck bei 100 Grad und bei noch höherem Druck bei noch höheren Temperaturen. Damit aber Wasserdampf auch bei niedrigeren Temperaturen (dann normalerweise Eis) noch als Gas existieren konnte, vermutet Henry Morris, dass dieser Wasserdampf sich in einen metastabilen Zustand müsse befunden haben, wie man z.B. Ähnliches von unterkühlten Flüssigkeiten kennt. Das Phänomen der unterkühlten Flüssigkeiten ist, dass bei Temperaturen, wo diese Flüssigkeiten eigentlich im festen Aggregatszustand sein müssten, diese trotzdem immer noch flüssig sind.

Echter Wasserdampf ist ja **ein Gas und unsichtbar**. Das was beim Kochen oben sichtbar aus der Pfanne entweicht ist zum größten Teil bereits schon wieder Nebel (feinste kondensierte Wassertröpfchen, die in der Luft schweben und das sich darum weißlich ansieht).

Diese schützende und unsichtbare Wasserdampfhülle hätte auf der Erde ein **paradiesisches Klima** ermöglicht, ohne die Turbulenzen, Winde und großen atmosphärischen Wirbel, die wir heute haben, sodass sogar an den Polen Palmen wuchsen, wie man gefunden hat. Gemäß der Bibel gab es vor der Sintflut keinen Regen, sondern durch die Abkühlung in der Nacht entstand **ein Dunst, der die Erde wässerte** (siehe 1. Mose 2.5-6).

Diese schützende Wasserdampfhülle soll in den ersten 40 Tagen vom Himmel heruntergekommen sein, wie Henry M. Morris vermutet, sodass nach der Sintflut ein ganz anderes Wetter, mit Winden und großen atmosphärischen Wirbeln sich präsentierte. Henry Morris stützt sich dabei auf die Bibelstelle in 1. Mose 9.13-17, vom Ende der Sintflut, als Gott den Regenbogen entstehen ließ, als Zeichen Seines Bundes mit den Menschen, mit andern Worten heißt das auch, dass es während und nach der Sintflut zum ersten Mal richtig geregnet hat, denn ein Regenbogen ist nur bei Sonne und Regen möglich!

Aus 1. Mose 8.22 könnte man auch schließen, dass es die Jahreszeiten erst seit der Sintflut gibt. Die Jahreszeiten gibt es ja nur darum, weil die Erdachse ca. 23 Grad geneigt ist. Gab es da eine kosmische Kollision, die die Sintflut auslöste, und die Erdachse um 23 Grad kippte, wie Hans-Joachim Zillmer vermutet und auch Hinweise präsentiert (in seinem Buch „Darwins Irrtum", siehe Dock. 3)?

Der Autor erinnert sich, in seiner Mittelschulzeit in populärwissenschaftlichen Büchern (aus dem Kosmos Verlag Deutschland) über Geologie und Evolution, die es in der Schulbibliothek damals gab, gelesen zu haben, dass die großen Flugdrachen der Urzeit bei dem Luftdruck von rund 1 at, den wir heute haben, nicht hätten fliegen können, sondern dass es dafür Atmosphärendrücke von vielleicht 4 - 6 at gebraucht hätte. Wenn wir also einen Wasserdampfmantel über der Atmosphäre, entsprechend 30 – 60 Metern Flüssigwasser gehabt hätten, so gäbe das einen Druckzuwachs von 3 bis 6 at (10 Meter Wasser geben

1 at). Die Vermutung von Henry M. Morris von einer Wasserdampfatmosphäre über der normalen Atmosphäre, könnte auch die lange Lebensdauer der Menschen vor der Sintflut erklären, denn durch den Wasserdampfmantel wären die Menschen von der schädlichen kosmischen Strahlung besser abgeschirmt gewesen, die als für die Alterung mitverantwortlich angesehen wird.

Danach müsste vor der Sintflut durch die Schirmwirkung der Wasserdampfatmosphäre auch um eine ganze Größenordnung weniger von dem radioaktiven Isotop C14 des Kohlenstoffs C12 gebildet worden sein. Dies hätte zur Folge, dass die Altersbestimmungen nach der C14 - Methode von Fossilien vor der Sintflut um eine Größenordnung zu alt datiert würden.

Die Eiszeiten

Man muss annehmen (Henry M. Morris), dass die ersten Jahrhunderte nach der Sintflut von starker vulkanischer Tätigkeit begleitet waren, wegen den geostatischen Anpassungen überall auf der Erde (Absenken der Meeresböden und Auftürmen der jungen Gebirge), die nicht so schnell zu Ende waren. Es gibt z.B. Berichte, dass das Emporheben der Anden in Südamerika noch bis in neuere historische Zeit hinein angedauert habe. Vom Ausbruch des Vulkans Krakatau im 19. Jahrhundert wissen wir, dass dabei die ganze Atmosphäre weltweit von vulkanischem Staub verunreinigt wurde, der die Sonneneinstrahlung so stark abschirmte, dass deswegen mehrere kalte und nasse Sommer mit Wetter fast wie im Winter, mit Missernten folgten.

Die Geologie kennt ja die sog. Eiszeiten. In unserer Vorstellung hat diese immense vulkanische Tätigkeit nach der Sintflut, überall auf der Erde, die Atmosphäre über mehrere Jahrhunderte andauernd und derart stark verunreinigt, dass infolge reduzierter Sonneneinstrahlung viel Niederschlag und große Kälte entstand, welche riesige Vereisungen und Vergletscherungen, in den Polarzonen bis weit hinein in die gemäßigten Zonen, überall auf der Welt zur Folge hatte, sodass starke und rasch fließende Gletscher entstanden, die die sog. „Gletschertäler" in relativ kurzer Zeit aushobelten. Man darf auch ruhig annehmen, dass in den ersten Jahrhunderten nach der Sintflut, die abgelagerten Gesteinsschichten noch relativ weich waren. Heute, rund 4500 Jahren nach der Sintflut sind diese, besonders die Kalkgesteine, hart wie Beton.

Die Tiere kamen getrieben von Gottes Geist!

Man kann sich auch fragen, wie sind all diese Tiere zu Noah in die Arche gekommen? Aus 1. Mose 6. 12-22 entnehmen wir, dass Gott selbst dem Noah befahl, eine Arche zu bauen und ihm auch deren Dimensionen vorgab (denn Gott allein wusste wie viel Platz diese Tiere brauchten): 150 Meter lang, 25 Meter breit und 15 Meter hoch sollte sie sein, mit 3 Stockwerken und vielen Kammern, sicher wegen den Löwen, Tigern, Leoparden, Bären und den anderen Raubtieren und den Raubvögeln. „Aus Tannenholz sollst du sie bauen und inwendig und auswendig mit Pech verpichen und ganz oben rund herum ein 50 cm hohes Fenster machen."

Die Türe musste er an der Seitenmitte machen. So entstand in der Mitte der Arche ein grosser, 15 Meter hoher und auch breiter Raum mit den Treppen zu den Stockwerken, wo er auch die Giraffen mit ihren langen Hälsen unterbringen konnte.

Die Bibel erzählt uns, dass die Tiere paarweise daher kamen, je ein Männchen und ein Weibchen von jeder Tierart, nur von den Opfertieren kamen je 7 Paare. Und sie alle kamen, getrieben von Gottes Geist. Und ganz zahm kamen auch die Raubtiere daher, auch getrieben von Gottes Geist! Auch die Vögel kamen paarweise angeflogen und nisteten überall im Arche-Kasten, so wie die Schwalben es in Scheunen tun. Vermutlich hatte Noah überall im Kasten an den Wänden kleine Dielen gemacht, damit die Vögel (ohne die Raubvögel) dort nisten konnten. Ganz sicher sind auch die Käfer und Insekten gekommen (1. Mose 6.20). Wegen den Würmern tat Noah vermutlich noch ein paar m^3 Erde in die Arche! -- Nur die Saurier (Drachen) sind nicht gekommen! Bei dem geringeren Atmosphärendruck (1 at) nach der Sintflut (ungenügende Atmung und Flugunfähigkeit der Drachen) hätten sie vermutlich nach der Sintflut nicht überleben können.

„Und du sollst auch Nahrung für all diese Tiere sammeln und in die Arche tun". Wir denken, dass er für die Raubtiere Pökelfleisch in Fässern zubereitete, für die übrigen Tiere wohl getrocknetes Gras, Getreide, Rüben, usw.! Als die Sintflut begann und all die Tiere samt Noah und seiner Familie in der Arche drin waren, schloss Gott selber die Türe der Arche zu, sagt die Bibel und dass die Sintflut ungefähr ein Jahr dauerte.

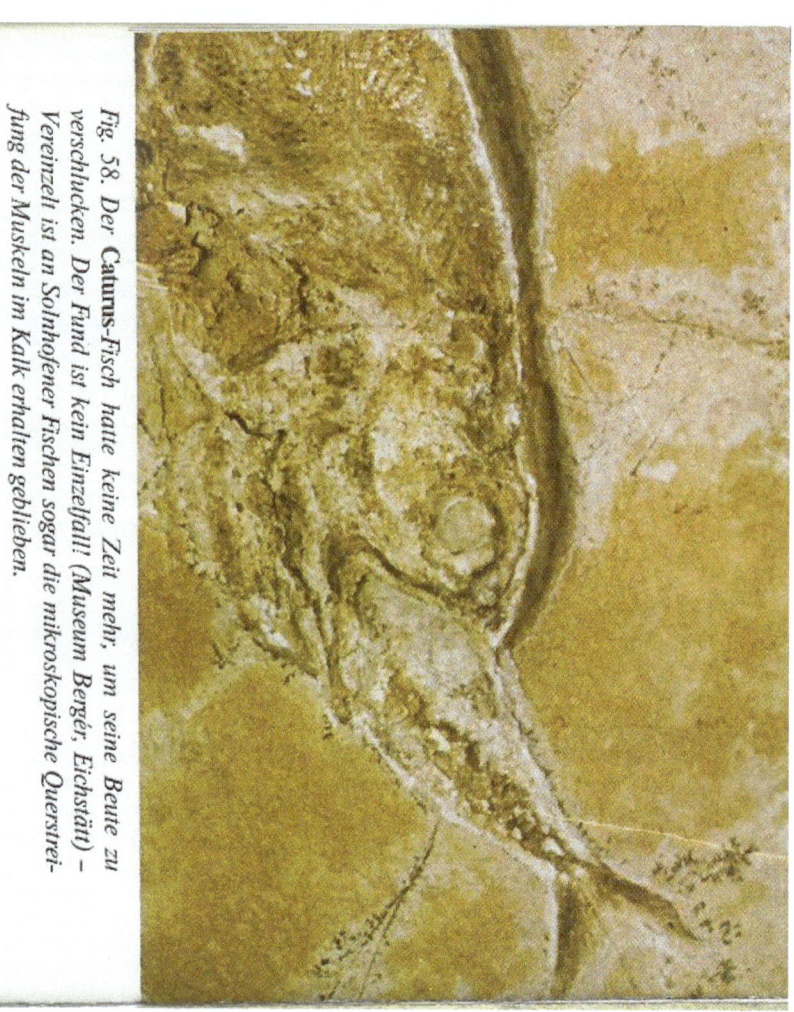

Fig. 58. Der **Caturus**-Fisch hatte keine Zeit mehr, um seine Beute zu verschlucken. Der Fund ist kein Einzelfall! (Museum Berger, Eichstätt) - Vereinzelt ist an Solnhofener Fischen sogar die mikroskopische Querstreifung der Muskeln im Kalk erhalten geblieben.

Kapitel 8:
„Nichts Neues unter der Sonne"
(Pred.1.9)
Aus den Apokryphen zum Buch Daniel der Bibel, frei nacherzählt:

„Es gibt nichts Neues unter der Sonne": Was heute passiert, ist schon früher passiert! Nachfolgende Geschichte geschah im alten Babylon! Damals gab es noch keine allgemeine Schulbildung wie heute, darum konnte das Volk noch auf recht plumpe Art belogen und betrogen werden! Darum konnten, sowohl die Regierung als auch die Priesterklasse, damals sehr autoritär auftreten!!! Heutzutage, wo jedermann eine Schulbildung und Kaderleute meist eine höhere Schulbildung haben, ist ein Betrug der Gesellschaft nicht mehr so einfach, da muss ein paar Stufen raffinierter vorgegangen werden, wie unser Büchlein ja vor Augen geführt hat

Die vorliegende Geschichte passierte in der Zeit der babylonischen Gefangenschaft, als ganz Judäa, zum Mindesten alles was Rang und Namen hatte, durch König Nebukadnezar nach Babylon abgeführt worden war und 70 Jahre in einem fremden Lande, wie gefangen festsassen.

Der König liess damals aus den Gefangenen, unter den Jünglingen, die intelligentesten und gewandtesten auswählen, damit diese Schulung und Bildung erhielten und nachher in des Königs Dienste gestellt würden, und da, in ihrer Karriere, bis zu den engsten Vertrauten und Beratern des Königs aufsteigen konnten.

Daniel war unter diesen jungen Männern einer, der es bis zum allerengsten Vertrauten des Königs brachte. So war Daniel bei mehreren aufeinanderfolgenden Königen im Dienste, auch als das Königreich an die Meder und Perser fiel, bis zu deren König Kores oder Kyros, unter dessen Herrschaft die Juden wieder in ihr Land zurückkehren konnten. Aber unsere Geschichte passierte vor dieser Rückkehr.

Durch verschiedene Wunder, die Gott besonders in den ersten jener 70 Jahre geschehen liess, wie sie im Buch Daniel der Bibel berichtet werden, wusste man in Regierungskreisen von Daniels Gott, dem Gott des Himmels, der die Erde und das Universum erschaffen hatte und der auf wunderbare Weise erretten konnte. Auch der König wusste das, aber trotzdem ging der König täglich in den Tempel des Bel, des Götzen Babylons, um diesen Götzen anzubeten! Da bat der König den Daniel eines Tages, doch auch einmal mit ihm zum Hause Bels zu kommen, um einmal auch diesen Gott anzubeten, der ja jede Nacht 30 Zentner Mehl und 40 Schafe verspeiste und dazu 240 Liter Wein trank. Daniel lachte und sagte zum König, dass der Bel innen aus Ton und auswendig aus Bronze bestehe und gegessen oder getrunken hätte er noch nie.

Da rief der König die Priester zusammen von denen es 70 (ohne Frauen und Kinder) gab, und sprach zu ihnen: „Wenn ihr mir nicht beweisen könnt, das Bel diese Mengen verzehrt, müsst ihr sterben, im andern Fall muss Daniel sterben, weil er den Bel beleidigt hat".

„So soll es geschehen" rief Daniel.

Die Priester sagten dann zum König: „Wir werden jetzt hinausgehen. Leg du die Speisen und Weinkrüge vor Bel nieder; darauf schliessest du die Tür und versiegelst sie mit deinem Ring. Wenn du morgen früh kommst und Bel hat nicht alles verzehrt, so wollen wir sterben; andernfalls muss Daniel sterben, der uns verleumdet hat". Sie waren zuversichtlich, weil sie unter dem Opfertisch, im Boden, einen geheimen Gang und verborgenen Ausgang angelegt hatten.

Die Priester gingen hinaus und der König brachte die Speisen für den Bel. Daniel aber hatte seinen Dienern befohlen, Asche zu holen und sie fein gesiebt im ganzen Tempel zu verstreuen. Nur der König war Zeuge davon! Als sie mit allem fertig waren, gingen sie hinaus, schlossen die Tür, versiegelten sie mit des Königs Ring und gingen weg.

Frühmorgens kam der König mit Daniel. „Sind die Siegel noch heil?" fragte der König und Daniel bejahte es. Als die Tür geöffnet wurde, erblickte der König den leeren Tisch vor Bel und rief: „Gross bist du

Bel, bei dir gibt es keinen Betrug!" Daniel aber lachte und hielt den König zurück und sprach: „Schau einmal auf den Fussboden! -- Da gibt es ja Fuss-Spuren!" -- Und der König sah es und liess voll Zorn die Priester herbeiholen, die ihm den geheimen Gang zeigen mussten, durch den sie in der Nacht in den Tempel gekommen waren. Darauf liess er sie töten und den Götzen Bel übergab er dem Daniel, der ihn samt seinem Tempel zerstörte.

Diese Geschichte ist ein Replikat von dem was in unserer Zeit geschieht und geschah! Der heutige Kult heisst Evolutionsglaube, ihre Priester sind die führenden Geologen und Evolutionisten, die überall gut dotierte Posten innehaben. Hier wie dort wird und wurde die Öffentlichkeit von einer „Elite" betrogen und diese Öffentlichkeit muss mit ihren Steuern diese Leute für ihren Betrug erst noch mit **fürstlichen** Gehältern bedenken! -- Nichts Neues unter der Sonne!!!

Fig. 42. Sandstein mit Kreuzschichtung. Dicke Schichtpakete der Permo-Trias wurden offensichtlich innerhalb von Stunden abgelagert. Dawlish, Devonshire.

Kapitel 9:
Beide, biblischer Glaube und Naturwissenschaft, werden experimentell bewiesen!

Ganz grundsätzlich

Der erstaunte Leser wird sagen: „Noch nie gehört, dass Glauben bewiesen werden kann"! -- Es gibt viele Religionen auf dieser Welt! Wir sprechen hier auch nicht vom traditionellen „Kopf"-Glauben, durchmischt mit menschlichen Meinungen (Meinungen sind ja keine Tatsachen!!!), wie er aus den durchschnittlichen Kirchen allgemein bekannt ist, sondern wir sprechen hier vom **erfahr- und erlebbaren, echten, biblischen Glauben,** wie er nur in sehr guten Freikirchen und in sehr guten traditionellen Kirchen (katholisch oder reformiert) gefunden und gelehrt wird!

Was den Beweis betrifft, da sagen wir dem neugierigen Leser: Beide „Disziplinen", Naturgesetze oder Biblischer Glaube, werden auf die genau gleiche Art bewiesen, nämlich durch das Experiment! Da besteht überhaupt kein Unterschied!!! Die Gesetze der Natur werden experimentell bewiesen, der biblische Glaube aber auch, nur nennt man das dort nicht Experiment, sondern Gott-Erleben oder Gott-Erfahrung", aber in ihrem Wesen ist es genau dasselbe!

Beim biblischen Glauben geht es um die geistige, die übernatürliche oder übersinnliche Welt, bei den Naturwissenschaften geht es um die natürliche Welt, die Natur.

In den Naturwissenschaften kann man kein einziges Naturgesetz allein durch Nachdenken finden, sondern es braucht dazu immer das Experiment, **denn allein das Experiment beweist uns, ob unsere Gedanken bezüglich einem Naturgesetz richtig oder falsch sind!** Beim biblischen Glauben ist es nicht anders, sondern haargenau gleich: Wir können viele Aussagen der Bibel erleben, quasi „experimentell" prüfen!!!

Was bringt uns der Biblische Glaube?

Der biblische Glaube ist nicht Kopfwissen, oder eine religiöse Meinung, sondern besteht in einer gelebten Beziehung mit Gott, wo wir zu Ihm beten, Ihm unsere Probleme unterbreiten und wo Er uns antwortet, uns oft spürbar nahe ist, uns inspiriert und unsere Probleme lösen hilft. -- In unserem ganzen Leben will Er uns leiten, inspirieren und führen, uns auch vor Unglück und Versagen bewahren und, oft auf ganz verborgene Art, auch für unser gutes Auskommen sorgen, sodass wir immer genug Geld haben!

„Abraham ist über die Massen reich geworden", heißt es in der Bibel. David erledigte den Riesen Goliath und besiegte später, als König über Israel, die große Übermacht der Philister, die Israel besetzt hielten. Nachher besiegte er andere große Völker, auch als diese sich verbündeten und gemeinsam gegen Israel zogen (die Bibel erzählt, wie die Himmlischen Heerscharen ihm zu Hilfe eilten). Schon vor ihm hatten Moses, Josua und die Richter, mit Gott große Taten getan und Wunder vollbracht. Auch durch die Propheten und durch die Apostel im Neuen Testament sind Wunder geschehen und seither, durch alle Jahrhunderte hindurch, sind Wunder geschehen und solche Wunder können auch wir, in allen kleinen und großen Dingen unseres Lebens, auch erfahren, wenn wir Gott an erste Stelle setzen, Ihm vertrauen, der Bibel glauben und uns von ihr inspirieren lassen!

Ist das nicht zu viel des Guten??? -- Nein, aber es kostet etwas!!! -- Solcher Glaube gibt uns Selbstwert, macht uns erfolgreich und schenkt uns auch, dass wir uns „hoch" („high" im Englischen) fühlen. „Hoch" also, nicht durch Kokain oder Drogen, sondern „hoch" durch Gottes Geist, der in uns, den Glaubenden wohnt. Auch beim vorliegenden Büchlein hat Gott uns Ideen, Inspiration und grosse Freudigkeit gegeben. Klar, wir mussten uns anstrengen und auch Gott um Inspiration und Leitung bitten! -- Und „last but not least", solcher Glaube ermöglicht uns den Eingang in den Himmel, in das Reich Gottes, in die ewige Seligkeit, wo es nicht langweilig sein wird, sondern wo Gott gegenwärtig ist und darum fortwährend sehr viel geschieht, noch viel mehr als auf dieser Erde!!!

Solcher Glaube macht unser Leben spannend, erlebnis- und inhaltsreich, sodass wir unser Leben echt und tief geniessen können!!! Im Kapitel 11 des Hebräerbriefes sind die alttestamentlichen Helden des Glaubens aufgezählt. Dieses Kapitel müssen Sie unbedingt lesen, besonders junge Leute, die noch voller Neugier, Tatendrang und Energie sind, sollen das lesen!!!

Wie kommen wir zu diesem Glauben?

Einerseits, indem wir uns einer guten, biblisch fundamentierten Kirche anschliessen, wo die Leute freundlich, hilf- und liebreich sind, (charakteristische Merkmale einer guten Kirche!!!), aber auch indem wir die Bibel selber lesen und ihren Aussagen glauben und vertrauen! Und andererseits, indem wir unsere Sünden bereuen, zu Gott beten, Ihm unsere Sünden bekennen, und um Vergebung bitten und an Jesus Christus, den Sohn Gottes, glauben, wie es die Bibel fordert und Ihn zum Herrn unseres Lebens machen.

Die Bibel lehrt, dass Gott gnädig und barmherzig und voller Liebe und Güte ist gegen die, die umkehren und Jesus Christus, den Sohn Gottes, als ihren Herrn und Freund in ihr Herz aufnehmen und Seinen Kreuzestod als stellvertretende Strafe für ihre Sünden annehmen und daraus resultierend -- die Freude der Vergebung und den Strom der Liebe Gottes dann auch im eigenen Herzen erfahren dürfen, die Gott (anstelle von Gefühlen der Verdammnis) in ihre Herzen ausgiesst. Solches Erleben beweist dann aber auch, dass die Bibel tatsächlich Gottes Wort ist, denn sonst würde solches nicht geschehen, denn solches Erleben ist **übernatürlich und hat Offenbarungscharakter und gibt uns den Herzensglauben**! Bei vielen Menschen kommt der Herzensglaube (darauf kommt es schlussendlich an!) einfach dadurch, dass sie beten, die Bibel lesen und eine gute Kirche besuchen.

Aber in beiden Fällen kommt ein ganz besonderes Wissen, eine Erkenntnis von Jesus Christus, als den Sohn Gottes, in unsere Herzen, die wir sonst nicht haben könnten. Dieses Wissen kommt durch den Heiligen Geist zu uns und das ist dann ein Wissen, das uns niemand mehr wegnehmen kann! Dieses Wissen gibt uns auch Heilsgewissheit, nämlich die Gewissheit, dass wir Gotteskinder geworden sind und dereinst in den Himmel eingehen werden!

Der Himmlische Vater hat die Strafe, die uns gebührt hätte, auf seinen Sohn Jesus Christus gelegt und Ihn an unserer Stelle an einem Kreuz hinrichten lassen. -- Um vor sich selber, und vor den vielen Engeln, als gerecht dastehen zu können, musste Er ja Sünde bestrafen.

Aber Gott hat die Strafe, die uns gebührt hätte, auf sich selbst genommen und in Seinem Sohn Jesus Christus „bezahlt"!!! (Gott ist gemäss der Bibel ein dreieiniger Gott, ein Gott aus drei Personen: Vater, Sohn und Heiliger Geist)! - So sehr hat uns also Gott geliebt und so sehr liebt uns also Gott, dass Er Seinen geliebten Sohn für uns dahingegeben hat! So viel sind wir Ihm also wert und so lieb hat Er uns also!!!

Nur der Glaube macht das möglich, weil der Heilige Geist in uns Wohnung nimmt!

Im dritten Kapitel des Johannes-Evangeliums, Verse 1-12, ist ein Gespräch zwischen Jesus und Nikodemus, einem suchenden und aufrichtigen Pharisäer, aufgezeichnet. Jesus sagt da im Vers 3 zu Nikodemus: „Es sei denn, dass ein Mensch von Neuem geboren werde, so kann er das Reich Gottes nicht sehen".
Aber lesen Sie bitte selber in Ihrer Bibel bis zu Vers 21 weiter!

Die Quintessenz dieses Verses und des ganzen Kapitels ist: Durch den Glauben an Jesus Christus werden wir von „neuem geboren", weil der Heilige Geist dabei in unsere Herzen einzieht und unser Herz im Innersten verändert!!! -- Darum heisst es in 2.Kor. 5.17 „Ist jemand in Christo, so ist er eine neue Kreatur, das Alte ist vergangen, siehe, alles ist neu geworden!"

„Denn so sehr hat Gott die Welt geliebt (also dich und mich!), dass Er Seinen eingeborenen Sohn, Jesus Christus, in die Welt gesandt hat, auf dass alle, die an Ihn glauben, nicht verloren gehen, sondern in Ihm das ewige Leben haben". „Der Wind weht wo er will, du hörst sein Sausen wohl, aber du weisst nicht, wo er herkommt und wo er hingeht, also ist ein jeglicher der aus dem Geist geboren ist". -- Der Heilige Geist, der in uns wohnt wird da mit dem Wind verglichen! Beide Aussagen stehen in diesem Nikodemus-Kapitel.

„Christ sein" ist darum nicht so schwer, wie man denken würde, weil der Heilige Geist in ein glaubendes Herz eingekehrt ist und mit dem Heiligen Geist eine ganz neue Kraft! -- Die Bibel sagt sogar, dass mit dem Heiligen Geist, auch Christus selbst in unseren Herzen Wohnung nimmt, denn in Gal. 2.20 schreibt der Apostel Paulus: „Ich lebe, aber nicht mehr ich, sondern Christus lebt in mir und was ich jetzt lebe im Fleisch, das lebe ich in dem Glauben des Sohnes Gottes, der mich geliebt und sich selbst für mich dahingegeben hat"! Und lesen Sie im Johannes-Evangelium die Kap 14 bis und mit 17!!!

Solches kommt, wie auch das ganze Kapitel 4 des Römerbriefes ausführlich darlegt, **nur** durch Glauben, indem wir glauben, was die Bibel lehrt und was sie über uns aussagt, wenn wir an Jesus Christus glauben! -- Lasst uns darum täglich in der Bibel lesen und zu Gott beten und Gott wird uns Verständnis geben, sodass wir immer besser und besser verstehen!!! Durch Glauben können wir Wunder erleben, wir selber haben solche Wunder mehrere Male erfahren und können davon erzählen!

Wir können uns nicht bessern durch eigene Anstrengung, sondern nur dadurch, dass wir glauben, was die Bibel sagt, nämlich, dass wir mit Christus zu neuem Leben auferstanden sind.

Einen guten Anfang im Glaubensleben werden wir haben, wenn wir uns folgende Bibelstellen aneignen und darin leben:

1) Sprüche 3. 5-10: „Verlass dich auf den Herrn von ganzem Herzen und verlass dich nicht auf deinen Verstand, sondern gedenke an ihn in allen deinen Wegen, so wird er dich recht führen. Dünke dich nicht weise zu sein, sondern fürchte den Herrn und weiche vom Bösen! Das wird deinem Leibe gesund sein und deine Gebeine erquicken. Ehre den Herrn von deinem Gut und von deinem Einkommen, so werden deine Scheunen voll werden und deine Kelter überfliessen!"

(Gottesfurcht ist, dass wir uns vor Augen halten, wer Gott der Allmächtige wirklich ist)!

2) In Ps. 32. 8-11 sagt Gott: „Ich will dich unterweisen und dir den Weg zeigen, den du wandeln sollst, ich will dich mit meinen Augen leiten. Seid nicht wie Pferde und Maultiere, die nicht verständig sind,

welchen man muss Zaum und Gebiss ins Maul legen, wenn sie nicht zu dir wollen!"

3) Ps. 23: Der Herr ist mein Hirte, mir wird nichts mangeln, auf grünen Auen lässt Er mich lagern, zum Ruheplatz am Wasser führt Er mich. Er erquickt meine Seele und führt mich auf rechter Strasse, um Seines Namens willen.
Und müsst ich auch wandern im finsteren Tal, so fürchte ich kein Unglück, denn du bist bei mir, Dein Stab und dein Stecken, die sind mein Trost.
Du deckst mir reichlich den Tisch, im Angesicht meiner Feinde. Du salbst mir mein Haupt mit Öl und schenkst mir den Becher voll ein. Gutes und Barmherzigkeit werden mir folgen mein Leben lang, und bleiben werde ich im Hause des Herrn für immerdar.

Jesus hat in der Bergpredigt zu seinen Zuhörern gesagt: „Ihr seid das Licht der Welt", ein Licht, das allen Menschen leuchtet.

Das seien also wir, die wir an Jesus Christus glauben! -- **Das gehört also uns**, allein dadurch, dass wir an Ihn glauben! Das übersteigt, was wir uns zu denken gewohnt sind, aber es ist auch eine Frucht des Gebets!!! -- Die Herrlichkeit Gottes zieht da in unsere Herzen ein und nimmt von uns Besitz und strahlt aus uns heraus und erleuchtet die Herzen unserer Mitmenschen. Aber auch dieses haben wir nur durch Glauben und Gebet! Lasst uns also unerschütterlich und unentwegt an solchen Worten festhalten, bis es bei uns auch äusserlich sichtbar wird!

Leben aus Glauben ist für uns Menschen aber eine ganz neue Disziplin, eine Disziplin, die uns nicht angeboren ist und die wir darum erlernen müssen, die biblischen Beispiele helfen uns zu diesem Glauben!

Die Bibel sagt in Jeremia 29.13-14. zum Volk Israel: „So ihr mich von ganzem Herzen suchen werdet, so will ich mich von euch finden lassen." -- Solches Erleben ist dann die experimentelle Erfahrung, der experimentelle Beweis, dass es Gott wirklich gibt!

Die Bibel sagt aber auch, dass der Unglaube ewige Konsequenzen hat und sie gibt gleich auch ein Bespiel von den Qualen in der Hölle: in Lukas 16.19-31. Darum lieber Leser, sei klug und merke auf das, was wir geschrieben haben!

Auch die Prophetie beweist die Wahrheit der Bibel. Es gibt im Alten Testament viele Prophetien, die sich bereits erfüllt haben, darunter die Prophetien auf Jesus Christus. Aber die Prophetie, dass Jesus Christus wiederkommt, hat sich noch nicht erfüllt! -- Es gibt aber Prophetien auf die Endzeit, die sich bereits zu erfüllen beginnen: Christenverfolgungen in ganz grossem Stile, wie noch nie auf dieser Erde, in den islamischen Staaten, auch grosse Irrlehren sind vorausgesagt. Da gehört sicher die Evolutionslehre dazu, aber auch religiöse Irrlehren!!!

Auch was heute in der Türkei geschieht, wo Präsident Erdogan nach der absoluten Macht greift, die ganze türkische Gesellschaft säubert, um einen lupenreinen islamischen Staat, ein Osmanisches Reich der Neuzeit, erstehen zu lassen, ist in der Prophetie vorausgesagt: Eine neuere Auslegung von Hes. 38, bezüglich Gog und Magog, von Pastor Joel Richardson USA, www.joelstrumpet, vor rund 10 Jahren, als noch kein Präsident Erdogan in Erscheinung getreten war, deutet diese Weissagung, auf Grund der geografischen Angaben der Prophetie, auf die Türkei!

Glauben aus Fernsehen und Internet

In Deutschland gibt es einen christlichen Fernsehsender, der von den Landeskirchen, katholisch und reformiert, und von den Freikirchen, in Deutschland, der Schweiz und Österreich gemeinsam getragen, unterhalten und gestaltet wird. Es gibt dort viele, ganz unterschiedliche Sendereihen. Sie sind auch im Internet auf www.bibeltv.de (.ch) abrufbar. Wir haben unter dieser Internetadresse, unter: Mediathek - Sendereihen - Hour of Power, eine ganz wunderbare Gottesdienstreihe aus den USA (deutsch übersprochen) gefunden: Deren Pastor, Pastor Bobby Schuller, ist der Pastor der „Shepherd Grove"-Kirche in Garden Grove, Kalifornien, USA!

Als wir das erste Mal dort anklickten, waren wir ganz erstaunt über diesen noch so jungen Pastor, der so viel Freudigkeit, Freundlichkeit, Liebe und besonders auch Natürlichkeit, aber auch Autorität ausstrahlt und uns ganz fasziniert hat!!! -- Dieser Pastor stammt aus einer bekannten Pastorenfamilie in den USA. Sein Grossvater war der Autor des „Möglichkeitsdenkens" und der Erbauer der „Crystal Cathedral" in Garden Grove. **Wir empfehlen, bei Pastor Bobby Schuller einmal rein zu schauen!!!** Nach unserer Einschätzung, ist dies eine der besten christlichen Sendungen, die es gibt! Wir haben in diesen Gottesdiensten und Predigten ganz neuen Glauben empfangen und sehr viel gelernt!

Falls wir Englisch verstehen gibt es noch eine andere sehr gute christliche Plattform, unter www.sidroth.org, die wir auch sehr empfehlen! Diese Sendungen befassen sich speziell auch mit den übernatürlichen Aspekten des biblischen christlichen Glaubens!

Kapitel 10:
Weltweite Erweckung durch Publizität!!!
(der Missionsauftrag auf brisante Art)

Unsere Söhne und Töchter verlassen unsere Kirchen!

„Dank" Evolutionslehre und Historischer Geologie, mit anderen Worten: **Durch Lug und Betrug**, hat sich das nachchristliche Zeitalter etabliert!!! -- Unsere Söhne und Töchter, soweit sie nur Kopfglauben, aber nicht Offenbarungsglauben oder Herzensglauben haben, verlassen sie den christlichen Glauben und unsere Kirchen, weil sie, als moderne und aufgeschlossene Menschen, der Wissenschaft vertrauen! -- Der Wissenschaft soll man ja vertrauen können, das wäre ja auch ganz richtig!!!

Aber zu dieser Wissenschaft gehören leider ganz selbstverständlich auch die beiden Disziplinen „Evolutionslehre" und „Historische Geologie"! Deren Theorien, durch die Medien weltweit verbreitet, lassen das biblische Weltbild als überholt erscheinen, **fälschlicherweise,** wie wir ja gesehen haben!!! Über die Anfänge dieser beiden Disziplinen hatten wir im Prolog Folgendes geschrieben:

„Weil überzeugende Beweise für Evolution und Historische Geologie durch die Forschung nicht gefunden wurden und statt dessen Gegenbeweis um Gegenbeweis ans Tageslicht kamen, begann man damit, der offiziellen Theorie widersprechende Funde als unzuverlässig und zweifelhaft zu deklarieren, und auch mit Fälschungen von Knochenfunden und gefälschten Datierungen, die gehätschelte Wunsch-Theorie zu stützen.

Es scheint, dass in Europa und den USA, und später weltweit, ein Verbund der führenden Wissenschaftler in Evolution und Historischer Geologie sich gebildet hat (speziell Professoren, Dozenten und Abteilungsleiter dieser Disziplinen, an den Universitäten und Museen dieser Welt), in der Absicht, mit **geeigneten Massnahmen** (Geheimhaltung der modernen Forschungsergebnisse!) ihre „Wissenschaft" vor dem Untergang zu retten, eine „Wissenschaft", die allmählich in ein Fantasie- und Lügengebäude ausgeartet war, eine Pseudowissenschaft also, die aber diesen Herren ihre begehrten Jobs mit den hohen Gehältern sicherte!!!"

Durch Betrug ergattertes Einkommen und Irreführung der Öffentlichkeit sind beides einklagbar!!!

Dieser Umstand aber, dass man aus monetären Beweggründen, moderne Forschungsergebnisse vor der Öffentlichkeit verheimlicht und diese Öffentlichkeit irreführt, ist als durch Betrug ergattertes Einkommen, sowie als Irreführung der Öffentlichkeit, überall auf der Welt, vor den Gerichten einklagbar. -- **Die gesamte Weltbevölkerung wird ja da betrogen und hinter das Licht geführt!!! -- Hier etwas dagegen zu tun ist uns nicht empfohlen, sondern befohlen!!!** -- Solche Klagen würden dazu führen, dass Richter auf der ganzen Welt sich mit Hunderten von Forschungsberichten auseinandersetzen und diese angeklagten Professoren, Dozenten und Abteilungsleiter **befragen müssten, warum sie diese Forschungsresultate an ihren Universitäten nicht lehrten und sie dazu auch noch vor der Öffentlichkeit verheimlichten.**

Und die Medien würden über diese Gerichtsprozesse berichten und so die längst fällige und nötige **und auch verdiente** öffentliche Diskussion über diesen Betrug endlich, weltweit, in Gang bringen!!! -- Wir meinen, wenn diese Top-Leute, auf der ganzen Welt, vor die Gerichte gezogen würden, so würde dieser Betrug endlich einmal auffliegen und bekäme so die nötige öffentliche und mediale Aufmerksamkeit, **die ein Jahrhundertbetrug verdient!!!**

Eine einmalige und einzigartige Chance

Diese mediale Aufmerksamkeit gäbe uns Christen aber eine einmalige und einzigartige Chance für den Missionsauftrag. Genau so, wie die Medien ein Jahrhundert lang mithalfen, die Jahrmillionen der Evolution und der Historischen Geologie in der Bevölkerung zu verbreiten, werden sie jetzt auch, **auf Grund von richterlichen Erkenntnissen und Gerichtsurteilen,** die verheimlichten modernen Forschungsresultate, **wie eine brandneue Weltanschauung,** mit der gleichen Leidenschaftlichkeit wie vorher die Evolutionslehre, in ihre Sendungen, in die Titelseiten ihrer Zeitungen, etc. etc. aufnehmen! -- Wir glauben daran!!!

Und was kann dem Missionsauftrag Jesu Christi, gemäß Matth. 28. 18-20, besseres geschehen als solche Publizität??? Es heißt in dieser Bibelstelle ja: „Mir ist gegeben alle Gewalt im Himmel und auf Erden. Darum gehet hin in alle Welt und verkündet das Evangelium aller Kreatur und lehret sie halten alles was ich euch geboten habe. Und siehe, ich bin bei euch alle Tage bis an der Welt Ende".

Ist es nicht wunderbar, zu wissen: „Siehe, ich bin bei euch alle Tage bis an der Welt Ende" und „Mir ist gegeben alle Gewalt im Himmel und auf Erden".

„Gehet hin in alle Welt und verkündet das Evangelium aller Kreatur" ist der Auftrag Jesu Christi an die Christliche Gemeinde hier auf Erden!

Gibt es einen schnelleren und wirksameren Weg zur Verbreitung des Evangeliums in der ganzen Welt, als durch eine solche Publizität, wo wir unsere Widersacher zum Schweigen bringen und wo das Evangelium dank dieser Publizität, fast automatisch und gleichzeitig, mit verkündet würde und verkündet werden kann???

Task-Forces in der ganzen Welt!!!

Lasst uns daher, in allen Ländern dieser Welt, mit Glauben und Gebet, in jedem Land „Nationale Task-Forces" („Nationale Arbeitsgruppen mit einem Auftrag") aufbauen, mit dem Ziel, diese Top-Leute in „Evolution" und „Historischer Geologie" in jedem Land vor die nationalen Gerichte zu ziehen!!!"

Sollten wir Christen solches nicht ernsthaft in Erwägung ziehen, die wir den Missionsauftrag Jesu Christi ernst nehmen???

Wir könnten in der ganzen Welt eine Erweckung auslösen, noch universeller als die Erweckung in Ephesus, wie sie in der Apostelgeschichte, Kapitel 19, in der Bibel berichtet wird, eine Erweckung, die damals von Ephesus aus nach ganz Kleinasien ausstrahlte und wo die Leute ihre Zauber-Bücher und sonstigen „schwarzen" und „grauen" Bücher herbeibrachten und sie auf öffentlichen Plätzen verbrannten!!!

In der ganzen Bibel finden wir Geschichten, wie Gott auf Grund von Busse und Glauben, die Anschläge der Gegner ins Gegenteil verkehrt hatte und so seine Treue und Allmacht bewies!

Weltweites Organisieren und Koordinieren

Wir empfanden eine große Freude in unserem Geiste, als wir dieses Kapitel schrieben und, ganz unvermittelt, sahen wir auf einmal **im Geiste**, Pastor Bobby Schuller von der Shepherd Grove Church, in Garden Grove, Kalifornien, vor uns stehen. Er sah so aus, als ob er ganz intensiv über etwas nachdenken würde.

Wir dachten auch an die größte Kirche dieser Welt, die katholische Kirche und dass sie einen guten Papst haben, mit einer freudigen, liebevollen und natürlichen Ausstrahlung. Und, ähnlich wie bei Pastor Bobby Schuller, noch einmal ganz unvermittelt, fühlten wir uns mit Seiner Heiligkeit, Papst Franziskus, verbunden, als wären wir alte Bekannte! Wir denken, dass auch dies durch den Heiligen Geist geschah und dass auch dies ein Wink von Gott könnte sein!

Wegen den auf der ganzen Welt identischen richterlichen Untersuchungen und Prüfungen, denken wir, dass eine internationale Gruppe von vielleicht elf Richtern gebildet würde, die diese Forschungsberichte studieren, beurteilen und zu Handen aller Gerichte auf dieser Welt ihre Urteile abgeben müssten. -- Aber irgend jemand muss das alles ja organisieren! Darum legen wir unsere Vision von Pastor Bobby Schuller und die geistige Begegnung mit Seiner Heiligkeit, Papst Franziskus so aus, als dass diese beiden Persönlichkeiten für diese Aufgabe berufen wären und sich dafür miteinander koordinieren und absprechen würden. Wenn das stimmt, so wird Gott es ihnen ja bestätigen!

Es gibt eine ganze Anzahl christliche TV-Plattformen, mit weltweiter Ausstrahlung, die auf ihren Websites unser Büchlein und besonders die Ideen dieses 10. Kapitels weltweit bekannt machen könnten.

Wir wollen mit diesem Büchlein kein Geld verdienen, sondern wir wollen, dass dieser Betrug endlich einmal auffliegt und, dass der

Missionsauftrag **dadurch** auf die **allereffektivste** Art ausgeführt werden könnte. Wir stellen darum dieses Manuskript zur freien Verfügung um im Sinne dieses Kapitels, überall auf der Welt übersetzt und publiziert zu werden!!!

Das wäre schön, wenn der Inhalt dieses Büchleins und das in diesem Kapitel vorgestellte und begründete juristische Vorgehen in der ganzen Christenheit weltweit bekannt gemacht, befolgt und in die Tat umgesetzt würde!!!

Schlusswort

Historische Geologie/Evolution ist eine Wissenschaft, die ohne Beweise auskommt! Sie geht davon aus, dass es keinen Gott gibt und auch dafür hat sie keine Beweise!

Aber irgendwie muss es ja geschehen sein, dass die Welt so aussieht, wie sie heute aussieht. Also schaut man sich die Gesteine dieser Erde gut an und bastelt sich daraus, mit viel Fantasie, surrealistische Märchen mit Millionen von Jahren und präsentiert diese Märchen bei jeder sich bietenden Gelegenheit in den Medien, ungeachtet davon, dass es schon seit Jahrzehnten eine ganze Reihe unwiderlegbarer Beweise für eine junge Erde gibt und, dass es ausser Fälschungen, nie echte Beweise für die offizielle Erdgeschichte und die Evolution gegeben hat, aber eine ganze Anzahl unwiderlegbarer Beweise dagegen!

Die Evolutionisten können mit Leichtigkeit und Überzeugung jederzeit und überall in den Medien auftreten, denn weder sie selbst, noch die Öffentlichkeit, noch die Medien, wissen um die modernen Forschungsergebnisse und, dass die Evolution keine echten Beweise hat! Die durchschnittlichen Evolutionisten wissen nämlich selber nicht, dass das die wahre Situation ihrer „Wissenschaft" ist, nur ein paar eingeweihte Top-Fachleute wissen das!

Das erinnert uns ganz an die Geschichte im alten Babylon, wo der Götze jede Nacht 30 Zentner Mehl und 40 Schafe verspeiste und dazu 240 Liter Wein trank und wo das Volk das alles glaubte, diese tägliche Versorgung herbeibrachte und sich verwunderte über ihren „grossen" Götzen, der so viel frass! So konnten ihre Priester jeden Tag mit Leichtigkeit und grossem Selbstvertrauen, problemlos ihre tägliche und üppige Versorgung einziehen! -- **Nichts Neues unter der Sonne!!!**

Als Beispiel solcher Hirnwäsche erschien kürzlich auf der Webpage des Schweizerischen Fernsehens www.srf.ch der nachfolgende Beitrag. Dieses Märchen auf den nächsten zwei Seiten müssen Sie unbedingt lesen! Diese sprühende Fantasie, von Leuten, die von modernen Forschungsergebnissen keine blasse Ahnung haben, wird Sie „vom Sessel hauen"!!!:

Infografik: So entstand das Matterhorn, www.srf.ch

- Aktualisiert am Samstag, 11. Juli 2015, 12:31 Uhr
- Richard Müller und Samantha Bosshard

- 8 Mal auf Facebook geteilt (externer Link, Popup)
- 1 Mal auf Twitter geteilt (externer Link, Popup)
- 14 SRF Likes
- **11 Kommentare**

Das Matterhorn – vor 150 Jahren das erste Mal bestiegen. Der Berg fasziniert und hat eine Strahlkraft weit über unsere Landesgrenzen hinaus. Doch wie und wann entstand der Berg, dem man nachsagt, ein Stück Afrika im Herzen Europas zu sein?

Dieser Link öffnet das Video in einem neuen Fenster.: Video «Warum das Matterhorn zu Afrika gehört (Animation)» abspielen. Dieser Link öffnet das Video

Warum das Matterhorn zu Afrika gehört, 0:27 min, vom 10.7.2015:

"Das Auseinanderbrechen des Urkontinents Pangäa und die anschliessende Drift von Afrika gegen Europa markiert den Beginn der Alpenbildung. Dieser Prozess ist noch nicht abgeschlossen, sondern hält bis heute an. Dies gilt auch für das Matterhorn. Die Animation erklärt die Entstehung der Alpen und auch des Matterhorns (siehe Buchstabe M) in vier Schritten:

1. Bis vor 100 Millionen Jahren driften der Nordkontinent Eurasien – bestehend aus Europa und Asien – sowie der Südkontinent, bestehend aus Afrika und Adria, auseinander. Dazwischen öffnet sich ein Ozean, den es heute nicht mehr gibt – die Tethys. Dazu gehörte unter anderem auch das sogenannte Piemont-Ozeanbecken und eine halbinselartige Erhöhung, die Briançon-Scholle heisst.

2. Vor 100 Millionen Jahren kehrt nun Afrika und Adria die Richtung um und driftet wieder gegen Europa zu. Dabei wird als erstes das Piemont-Becken unter den Südkontinent Adria/Afrika subduziert. Mit anderen Worten: Die ozeanische Kruste des Piemont-Ozeanbeckens taucht quasi unter den Kontinent ab.

3. Dies bleibt nicht ohne Konsequenzen: In der Knautschzone wird auch ein Teil der dazwischenliegenden Briançon-Scholle verschluckt, überschoben und anschliessend grossräumig gefaltet. Vor rund **40 Millionen Jahren** kommt es zum grossen Zusammenstoss der Kontinente Eurasien und Afrika. Dies hat zur Folge, dass die ganze Kruste an dieser Stelle dicker wird – rund 50 bis 60 Kilometer. Die im Gebirgsbau stecken gebliebene Briançon-Scholle ist spezifisch leicht und wird nun nach oben gedrückt. Das ganze Gebirge hebt sich und wird gleichzeitig durch die Schwerkraft, Wasser und Gletschereis abgetragen.

4. Die Erosion hat das Matterhorn in seiner heutigen Form freigelegt. Die Grenze zwischen dem ehemaligen Piemont-Ozeanbecken und der Afrikanisch/Adriatischen Platte verläuft genau durch Matterhorn und ist als eine schwarze Linie im Gelände an der Basis des Matterhorns erkennbar. Der Berg ist also ein Erosionsrelikt der Afrikanisch/Adriatischen Platte. Die Gebirgsbildung geht weiter mit bis zu 1,5 mm/Jahr".

Dokumentation

1.) "The Genesis Flood, the Biblical Record and its Scientific Implications" by John C. Whitcomb Jr., Th.D. Professor of Old Testament, Grace Theological Seminary, Winona Lake, Indiana and
by Henry M. Morris, Ph.D., Professor and Head, Dept. of Civil Engineering, Virginia Polytechnic Institute, Blacksburg, Virginia Presbyterian and Reformed Publishing Company Philadelphia, Pennsylvania, 1961.

2.) „Unsere Erde - ein junger Planet - das Ende einer Legende", von Eduard Ostermann, Hänssler Verlag Neuhausen-Stuttgart, 1983.

3.) Die neuesten deutschsprachigen Bücher über dieses Thema, geschrieben von dem Erfolgsautor Hans-Joachim Zillmer, Verlag Langen Müller:
„Die Evolutionslüge", 1998, 7. Auflage 2004, 3,5 cm dick
„Darwins Irrtum", 1998, 6. Auflage 2004, 3,4 cm dick!
„Irrtümer der Erdgeschichte", 2001, 3. Auflage 2003,
„Dinosaurier Handbuch", 2002,
„Kolumbus kam als letzter", 2004,

4.) „Daten zur Evolutionslehre im Biologieunterricht", von Joachim Scheven,
Buchreihe „Wort und Wissen", Hänssler Verlag Neuhausen-Stuttgart

5.) Von Bruce Mallone, einem amerikanischen Topwissenschaftler, (am 7. Okt. 2013 interviewt und kommentiert auf www.sidroth.org):
"Censured Science, the Suppressed Evidence", DVD
"Inspired Evidence,", je 1 Abschnitt für jeden Tag des Jahres
"A Closer Look at the Evidence"
"Search for the Truth"
"Explosive Geological Evidence for Creation", Video
"Monkey Business (The search for man's ancestor), Video
"A Matter of Time (How dating methods work), Video
"Creation 101 (Two foundational lectures), Video

6.) „Stolpersteine des Darwinismus" (1) & (2), von Wolfgang Kuhn
Factum -Taschenbuch Nr. 105 & 106
Buchreihe „Wort und Wissen", Hänssler Verlag Neuhausen-Stuttgart

7.) „Fossilien und Evolution, Fakten hundert Jahre nach Darwin", von Duane T. Gish, Buchreihe „Wort und Wissen", Hänssler Verlag Neuhausen-Stuttgart .
8.) „Karbonstudien, neues Licht auf das Alter der Erde", von Joachim Scheven Buchreihe „Wort und Wissen", Hänssler Verlag Neuhausen-Stuttgart " 1986, mit einem 3-seitigen Verzeichnis von Forschungsberichten, enthaltend einen Nachweis von über 100 Forschungsberichten.
9.) „Entstehung und Geschichte der Lebewesen", von Reinhard Junker/Siegfried Scherrer Weyel Lehrmittelverlag Giessen, unter Mitarbeit von:

    Chem.-Ing. Harald Binder,
    Prof. Dr. med. Erich Blechschmidt,
    Dipl.-Biol. Sigrid Hartwig-Scherer;
    Prof. Dr. rer. nat. Hermann Schneider,
    Manfred Stephan Kernen,
    Priv.-Doz. Dr. rer. nat. Roland Süssmuth,
    Richard Wiskin

10.)   www.bibeltv.de
11.)   www.hourofpower.org
12.)   www.sidrotht.org